Padre Cícero

Escrituras Editora e Distribuidora de Livros Ltda.
Rua Maestro Callia, 123 – Vila Mariana – São Paulo, SP – 04012-100
Tel.: (11) 5904-4499 – Fax: (11) 5904-4495
www.escrituras.com.br
escrituras@escrituras.com.br

Diretor editorial: Raimundo Gadelha
Coordenação editorial: Mariana Cardoso
Assistente editorial: Bélgica Medeiros
Capa, projeto gráfico e diagramação: Felipe Bernardo
Revisão: Paulo Teixeira e Jonas Pinheiro
Impressão: Arvato Bertelsmann

Dados Internacionais de Catalogação na Publicação (CIP)
(Câmara Brasileira do Livro, SP, Brasil)

Teixeira, Francisco Nóbrega.
Padre Cícero: Biografia Psicanalítica
/ Francisco Nóbrega Teixeira. –
2. ed. – São Paulo: Escrituras Editora, 2013.

ISBN: 978-85-7531-459-3

1. Cícero, Padre, 1844-1934 2. Devoções
populares 3. Juazeiro do Norte (CE) - História
4. Sacerdotes – Brasil – Biografia I. Título.

13-06539 CDD-922.2

Índices para catálogo sistemático:
1. Padres católicos: Biografia e obra 922.2

Impresso no Brasil
Printed in Brazil

FRANCISCO NÓBREGA TEIXEIRA

Padre Cícero
Biografia Psicanalítica

2ª edição

escrituras
São Paulo, 2013

Para Edda Gurgel Cavalcanti,
que participou, dedicadamente,
dessa pesquisa.

Agradecimentos

No transcorrer do tempo de execução desta longa pesquisa, tivemos oportunidade de conhecer muitas pessoas e entidades ligadas ao tema "Padre Cícero e seu Juazeiro". Gostaríamos de manifestar nossos agradecimentos a todas elas, desde o romeiro anônimo que acorre ao Juazeiro nas suas festas tradicionais até às pessoas mais representativas do meio social e intelectual daquela terra.

Na impossibilidade de nomear a todos, desejamos, contudo, deixar registrado nossos agradecimentos aos estudiosos sobre o Padre Cícero: Luitgarde Oliveira Cavalcanti Barros, Renato Casimiro, D. Generosa Alencar, que nos foi apresentada pela ação prestimosa da escritora Fátima Menezes e, principalmente, à D. Amália Xavier de Oliveira, já falecida, que apesar de criada próxima ao padre e admirá-lo muito, nos respondeu com sinceridade sobre aspectos aparentemente obscuros, relacionados aos antecedentes e ao meio familiar do Padre Cícero, bem como sobre sua meninice, características vocacionais, entre outros. O falecido Dr. Mozart Alencar, um dos médicos que assistiu padre Cícero na sua doença final, e que nos foi apresentado pelo nosso amigo Mozart Machado, nos alertou sobre a falsa afirmação de alguns autores, segundo a qual o padre era muito puritano porque teria sido portador de uma atrofia genital, além de nos prestar outras informações interessantes. São dados fundamentais para uma pesquisa em Psicobiografia. O grande folclorista Luís da Câmara Cascudo nos esclareceu bastante sobre o misticismo no Nordeste, incluindo a história de padre Cícero, em longa entrevista algum tempo antes de seu falecimento.

Auxiliaram-me na revisão dos originais e com sugestões valiosas a Prof[a] Fátima Alencar Araripe, meu primo José Newton Teixeira, minha amiga Anna Maria Gordilho, psicóloga Jôse

Evangelista Gomes, psicanalista Sônia Lobo e, destacadamente, minha filha e psicóloga Rafaela Nóbrega Teixeira Ferreira Gomes. Além desses, gostaríamos de ressaltar também nossos agradecimentos ao renomado psicanalista do Rio de Janeiro, Nahmam Harmony, pela ajuda técnica neste complexo estudo.

Para todos, nossa gratidão.

Sumário

Prefácio 11
Introdução 15

CAPÍTULO 1 - Resumo Biográfico e Histórico sobre o Padre Cícero e sua época
1. O meio e a juventude de Padre Cícero 27
2. Período Apostolar 41
3. A Questão Religiosa 47
4. Sua vida após a suspensão de ordens 71

CAPÍTULO 2 - Estudo Psicobiográfico
1. Termos e Conceitos Psicanalíticos 101
2. Antecedentes familiares e relações afetivas na infância 111
3. Fixações na fase anal-agressiva do desenvolvimento da libido 119
4. O complexo de Édipo 124
5. Narcisismo e formação do ideal do eu 132
6. Identificações com figuras exemplares da Igreja católica 143
7. Formação da personalidade adulta 154

Considerações Finais 173

REFERÊNCIAS BIBLIOGRÁFICAS
1. Histórica 185
2. Psicanalítica 189
3. Parapsicológica 191

Prefácio

Muita coisa já se escreveu sobre o cangaço nordestino e as principais personagens que dele participaram, do lado da lei ou contra ela. Basta percorrer as referências bibliográficas da obra de Francisco Nóbrega. Superabundam os estudos históricos, antropológicos e sociológicos, econômicos e políticos sobre o tema. Há também importantes obras biográficas sobre personagens desse mundo e dessa época. O sertão nordestino e seus aspectos sociopolítico-econômicos e até literários já faz parte da realidade cultural brasileira. Entre as principais personagens desse cenário avulta a figura do Pe. Cícero Romão Batista.

A história, vida, peripécias, atitudes, posições diante da Igreja e do mundo, relacionamento pessoal e político do Pe. Cícero já foram exaustivamente estudados. São minguadas, no entanto, a perquirição sobre sua personalidade, mormente em aspectos mais profundos ou psicodinâmicos. Até então, há uma grande pobreza de obras. Podemos citar, e as referências constam na bibliografia, o estudo de José Leite Maranhão, de F. Távora e de Xavier de Oliveira. Essas obras tentam compreender a fascinante pessoa do Pe. Cícero, mas a elas faltam, por não ser do interesse dos autores ou por lhes faltar o adequado conhecimento, o estudo mais percuciente de sua personalidade.

Essa falha está agora suprida pela obra de Francisco Nóbrega Teixeira aqui apresentada. Ele é um psiquiatra e psicoterapeuta com plena atividade clínica em Fortaleza, Ceará. Sua formação pós-graduada foi feita no Rio de Janeiro, no Instituto de Psiquiatria da Universidade Federal do Rio de Janeiro, onde se destacou pela cultura humanista e médica, pela inteligência e pelo interesse em aprofundar seus conhecimentos em patologia mental.

Fruto do amplo e profundo conhecimento psicanalítico de seu autor, o livro de Francisco Nóbrega preenche o vazio da compreensão psicodinâmica dessa complexa e interessante personalidade. Era o que nos faltava. Nunca poderemos entender claramente o papel do homem na História se também não nos adentrarmos na estrutura psicanalítica da respectiva personalidade. Seja um herói, um estadista, um revolucionário ou alguém que proemine em seu tempo e sobre os seus coetâneos. Se tal faltar, ficará sempre uma lacuna na compreensão da História e do jogo que os homens desempenham em seu desenrolar. Nem simples autômatos nem agentes voluntariosos que sobrepujam os determinantes históricos e socioeconômicos. A justa medida dos homens pode ser avaliada, entre outros instrumentos, pela iluminação psicanalítica.

A obra inicia-se por um resumo biográfico mas que permite ver com nitidez sua vida, a formação religiosa e a grave questão havida entre ele, sacerdote, e a Igreja Católica. Vislumbra-se também seu mundo e sua época, necessários para se entender o papel do ambiente na estruturação de sua pessoa.

Para facilidade dos leitores não familiarizados com a psicanálise, há um breve escorço da teoria freudiana, breve, mas suficiente para que os conceitos e termos básicos sejam entendidos e compreendida também sua aplicação ao estudo de personalidade do Pe. Cícero.

Como não podia deixar de ser, há um completo estudo do papel que a família e as relações familiares desempenharam na formação de seu ego e de seu superego. Freud mostrou de maneira irretocável como o relacionamento com a mãe, com o pai e com as demais figuras importantes no meio familiar moldam a personalidade. Ainda que não possamos falar em "destino", não há dúvidas de que marcas indeléveis ficam dessas relações afetivas, o que amplamente se vê na obra. Interessantíssimos e completamente originais os capítulos dedicados ao desenvolvimento da libido, à fixação na fase anal-agressiva e à resolução da situação edípica. Permitem uma compreensão psicodinâmica da personalidade do Pe. Cícero, em sua dimensão egoica e o papel que isso desempenhou em sua vida, suas perturbações e atropelos.

A dimensão superegoica está contemplada no estudo do narcisismo, da formação do ideal do eu e nas identificações, particularmente com figuras da Igreja Católica. Tal é o coroamento de sua formação como pessoa e a resposta ao porquê de tantas peripécias e dificuldades em sua longa e repleta trajetória existencial. Só assim se pode enxergar a personalidade adulta e o que representou na história religiosa do Brasil, o que foi para a cultura sertaneja do Nordeste, seu envolvimento com beatos e cangaceiros, com os "coronéis" do final do Segundo Império e da República Velha e, por fim, com a formação do mito e do culto do Pe. Cícero.

A magnífica obra de Francisco Nóbrega há de ser lida e estudada com atenção por todos aqueles que se interessam pela cultura brasileira: historiadores, sociólogos, antropólogos. Os psicólogos, psiquiatras e psicanalistas encontrarão nela uma dupla orientação, pois não só verão a aplicação do conhecimento psicanalítico ao estudo de uma personalidade multifária como serão ajudados a melhor penetrar no que vem sendo chamado "psicanálise latino-americana".

MIGUEL CHALUB

Prof. Titular de Psiquiatria e Psicopatologia da Universidade Federal do Rio de Janeiro e da Universidade Estadual do Rio de Janeiro.

Psicanalista, membro da Sociedade de Psicanálise do Rio de Janeiro.

Doutorado pela Universidade Federal do Rio de Janeiro.

Introdução

A Psicanálise, ciência criada por Sigmund Freud, quase no alvorecer do século XX, veio a provocar importantes mudanças, não apenas na Psicologia e na Psiquiatria, como seria de esperar, mas também, em variadas ciências humanas e nas artes de um modo geral. Chamou-se de Psicanálise Aplicada a utilização dos conceitos psicanalíticos para esclarecimento dessas atividades do espírito humano. No que se refere à aplicação de postulados psicanalíticos aos estudos biográficos, este ramo ficou conhecido por Psicobiografia.

Nas últimas décadas, surgiu um renovado impulso para a realização de esboços biográficos baseados em postulados psicanalíticos, principalmente, após os estudos sobre o narcisismo e seu desenvolvimento na psicologia humana, realizados por Heinz Kohut, um psicanalista austríaco radicado na cidade de Chicago nos Estados Unidos, além de outros autores. Entretanto, os estudiosos se ressentem da falta de um método comprovado para esses trabalhos.

O termo narcisismo, criado por Freud, provém do mito de Narciso, personagem da Mitologia Grega, que por particulares vicissitudes de sua vida, era apaixonado por sua própria imagem. No entanto, pesquisas sistemáticas abrangendo toda uma vida, sobretudo a formação emocional de uma personalidade histórica, são relativamente poucas. A maior dificuldade é a ausência de uma metodologia adequada para esses estudos. Essa falta procuramos suprir com esse trabalho.

Não é tarefa fácil fazer-se uma avaliação objetiva de um grande personagem histórico. Todavia, é perfeitamente possível. Há o risco da admiração excessiva ou idealização que o biógrafo, porventura, possa fazer do sujeito biografado, assim como também, embora em menor proporção, ele transferir para o grande homem, hostilidades inconscientes trazidas de sua infância para com a figura paterna. Existe também o risco de identificações indevidas com a grande personalidade histórica, em consequência do prolongado estudo sobre sua vida.

Na História, alguns líderes foram capazes de captar as forças psicológicas que emanam de um povo e extrair de seus mais profundos conflitos pessoais a energia necessária para uma nova síntese em relação aos antigos valores. Padre Cícero foi um líder dessa envergadura. Tornou-se importante conhecê-lo melhor psicologicamente, não só para compreender sua vida, como também sua extraordinária obra que alcançou todo o Nordeste brasileiro.

Muitos livros foram escritos sobre o Padre Cícero e vários de seus contemporâneos emitiram opiniões sobre ele, apesar de tudo, sua personalidade permanece uma incógnita. Muitos o endeusaram, principalmente o povo Nordestino, outros escreveram palavras duras e até inventaram fortes calúnias sobre ele. Padre Cícero era realmente uma pessoa muito complexa. Não seria fácil descobrir a unidade subjacente às contradições de sua personalidade. Muitos fatos de sua infância e adolescência foram definitivamente perdidos, apesar disso, o volumoso material existente sobre ele, associado aos conhecimentos psicanalíticos adequados, nos permitem trazer alguma luz para compreensão das raízes inconscientes de sua motivação e comportamento. Tal como fazem os psicoterapeutas com os seus pacientes, não procurando julgá-los e sim compreendê-los, assim também será nossa atitude neste estudo: tentar uma compreensão melhor do padre Cícero, sem parcialidade ou paixão. Não nos interessa, também, avaliar seu grau de anormalidade como alguns já o fizeram, inclusive médicos, taxando-o de paranoico, mesmo porque o conceito de normalidade em Psicologia ou Psiquiatria é apenas relativo. O conceito de normal é geralmente relacionado com a média ou próxima dela, o que é dificilmente aplicável a uma personalidade ímpar como a de padre Cícero.

A força relativa das energias instintivas, as suas identificações mais profundas, os mecanismos de defesa do Eu que preponderam, notadamente, o recalcamento, as formações reativas, a idealização, a projeção, a sublimação, as identificações; como também, o vigor do seu ideal do eu são alguns dos fatores que nos levam ao conhecimento mais aprofundado de uma personalidade histórica.

Já o próprio Freud, o criador da Psicanálise, nos deixou esboços biográficos de figuras históricas, inclusive seu famoso ensaio sobre Leonardo da Vinci e, também, uma Psicobiografia completa do presidente norte-americano Thomas Woodrow Wilson. Contudo, o método usado por Freud baseou seus estudos em buscar na vida do biografado a força de suas pulsões de amor e ódio e as defesas que o eu erige contra elas. Resultou em um ensaio psicobiográfico um pouco mecânico e repetitivo, que não obstante psicanaliticamente valioso, não teve a evidência merecida. Entretanto, aquele trabalho de Freud nos demonstra o quanto ele era francamente favorável ao estudo psicanalítico de personalidades históricas.

Nós seguimos por um caminho um pouco diferente, elaborando uma nova metodologia para realização desses ensaios psicobiográficos. Baseamos nossa pesquisa não somente na teoria freudiana, mas também em modernos estudos sobre o ideal do eu e o narcisismo de um modo geral. Esses estudos se aprofundaram principalmente na chamada escola de Psicologia do Ego, formada primordialmente por europeus que emigraram para os Estados Unidos em consequência da Segunda Guerra Mundial. Hartmann, Kris e Lowenstein foram seus pioneiros mais destacados. Posteriormente, surgiram os estudos de Kohut e de Kernberg aprimorando o conhecimento sobre o desenvolvimento do narcisismo no ser humano, entre outros autores.

O estudo sistemático do narcisismo começou com Freud quando publicou seu ensaio "Sobre o Narcisismo: Uma Introdução" em 1914. Ele denominou de narcisismo esta força advinda de certo enamoramento da criança por ela mesma. Chamou de libido aquela força que se concentrava no próprio Eu. A libido seria uma energia de origem sexual e de qualidade amorosa. A partir desse reservatório de libido formado no Eu, ele irá emitindo cargas afetivas para os objetos (primeiramente para a própria mãe), porém, continuará sempre mantendo certa dose de amor por si mesmo. O narcisismo irá então se constituir de uma estrutura mais ou menos estável no decorrer da vida. Embora as opiniões técnicas sejam um pouco variáveis, todo psicoterapeuta profundo reconhece a transcendência desse trabalho de Freud para a teoria psicanalítica. Ele reagrupará o narcisismo com as pulsões de autoconservação, e às pulsões sexuais como constituintes de Eros, que seriam as forças para a defesa e realização da vida, as quais iriam se opor aos efeitos devastadores das pulsões da morte, as quais Freud denominou de Tânatos.

Os desvios do narcisismo estão sendo relacionados, hoje em dia, com vários distúrbios, se bem que Freud os empregou originariamente (1923) se referindo somente às psicoses. Alguns exemplos: homossexualismo (a busca de alguém parecido consigo para amar e cuidar, o que revela o excessivo "amor" por si mesmo), as neuroses de caráter, as doenças psicossomáticas, casos limítrofes das psicoses e outros. Na cultura popular, o termo narcisismo adquiriu uma conotação pejorativa ao denotar uma preocupação excessiva por si mesmo e grande vaidade.

Em seu ensaio "Formas e Transformações do Narcisismo" de 1966, Heinz Kohut relacionava o narcisismo com a aquisição de criatividade, empatia, senso de humor e sabedoria. Estas finalidades seriam oriundas da transformação da primitiva energia narcísica.

A criatividade, uma das atividades humanas mais complexas, absorve muita energia narcisista. Kohut acha que no indivíduo criativo o narcisismo atuaria como um acicate impulsionando-o para a realização no sentido da fama e da aclamação. A criatividade do padre Cícero se manifestava, principalmente, na sua capacidade de compreender e resolver os problemas de toda ordem da numerosa e necessitada gente nordestina, que diariamente afluía à sua porta.

A empatia é definida como capacidade para compreender, o que se sentiria se estivesse na situação e nas circunstâncias experimentadas por outra pessoa. É como se experimentasse o que o outro pensa ou sente. A capacidade de sentir empatia faz parte do equipamento inato da mente humana e está muito relacionado, também, com o começo da vida do indivíduo, quando na fase propriamente narcisista a criança sente que ela e a mãe são ainda um todo, isto é, nos primeiros meses de vida. A criança sente empaticamente os sentimentos e ações da mãe. A capacidade de empatia do padre Cícero parece ter sido extraordinária, ele conseguia sentir empatia para com os mais variados tipos de pessoas, de todas as classes sociais e apresentando os mais variados tipos de sofrimento. Em que ela se manifestou de maneira clara, foi em relação aos psicóticos. Às vezes, levavam pessoas enlouquecidas e agitadas à sua presença. Ele conseguia compreendê-las e acalmá-las com grande presteza.

Quanto ao senso de humor que Kohut assinala como uma proteção contra a alienação mental e Freud o chamou de "triunfo do narcisismo" era proverbial em padre Cícero. Vários biógrafos se referem ao tom alegre e bemhumorado de sua conversação. Não estamos nos referindo a alegria fútil, ao sarcasmo e nem aos ditos sádicos em relação ao outro e sim ao contentamento que advém de uma atitude de uma certa superioridade filosófica de aceitação das limitações e das fatalidades da própria vida, o que certamente torna as coisas mais relativas. Conta-nos Freud, exemplificando sobre o senso de humor, a história do indivíduo que estava sendo levado à forca numa segunda-feira e que exclamou: "Ora, a semana está começando bem...". Nas cartas de Cícero, encontramos vários exemplos de seu bom humor. Numa carta escrita em 1920 para um afilhado ele diz (as frases bem-humoradas aparecem sublinhadas):

> Meu afilhado José, a paz de Deus o guarde.... Bote uma panela com água, <u>casca que quina-quina e o rapaz lava a boca, o rosto e esfregue bem o cabeçal quando Deus quer, água fria é remédio.</u> Disponha sempre do padrinho.

Em outra oportunidade, numa carta escrita em 1900 para uma beata que pedia esmola em seu nome, sem o seu consentimento, ele escreve:

> ... Eu tenho estranhado muito e, <u>sobretudo, quando andando debaixo do meu nome,</u> sem ter nenhum documento assinado por mim, lhe autorizando esmolar como anda e conduzir a imagem do Menino Deus daqui por estes lugares sem licença minha, e há um ano não fala em voltar.

Com relação à sabedoria, Kohut menciona como uma aquisição geralmente reservada aos anos posteriores da existência humana. Ela demanda tempo e não se refere somente ao conhecimento ou informação. É uma grande atitude estável da personalidade para com a vida e o mundo, que integraria as qualidades anteriores, ou seja, a criatividade, a capacidade de empatia, o senso de humor, além de um sistema de valores e ideais firmemente estabelecidos na personalidade. O padre Cícero irá revelar, principalmente na última década de sua existência, notáveis dotes de sabedoria, paciência e tolerância. Por exemplo, padre Azarias Sobreira nos relata[1] que em 1926 indo visitar Padre Cícero, este o convidou para o almoço num modesto mirante que mandara construir ao lado de sua casa. Subiu um ratinho arisco na mesa e o Padre Cícero ficou alimentado-o com a ponta do garfo até que o animalzinho ficou saciado. Depois que o Padre Azarias disse-lhe que daria a própria vida para vê-lo reconciliado com a Igreja Católica o padre replicou:

> – Pode ser que eu esteja enganado, mas minha consciência não me acusa de falta nesta matéria. Você vive perdendo sua paz de espírito por amor a mim, ao passo que eu, até o dia de hoje, ainda não perdi uma hora de sono por inquietação de consciência... Minha consciência nunca me acusou de ter desobedecido e você sabe que ninguém está obrigado a agir contra esta voz íntima de cada um de nós. Isto é um princípio de Teologia Moral que ninguém pode contestar. Diante de Deus o errado é exatamente aquele que faz, o que a sua consciência reprove. E é por isto que vivo tranquilo e certo de que minha inocência um dia será reconhecida, como a de Joana D'Arc.

Por ocasião desse episódio, ele já contava 82 anos de idade.

O médico e historiador Irineu Pinheiro, seu conterrâneo, cita um documento escrito pelo padre e que ele possuía, em que o padre declarava-se perseguido, mas que ele perdoava a todos, que talvez assim agisse pensando em praticar o bem. Desejou que ele e seus perseguidores se encontrassem no céu.

1 *O Patriarca de Juazeiro*, 1969, p. 68.

Assim como Freud achava importante o sentimento de convicção para que o paciente tivesse uma correta compreensão de seu problema emocional[2], também na Psicobiografia o biógrafo irá necessitar de uma boa capacidade de compreender, de empatia e de um imparcial e verdadeiro sentimento de convicção que encontrou a verdade possível de se discernir naquele personagem histórico. Isto é, embora utilizando seus recursos emocionais para uma análise aplicada na Psicobiografia, o biógrafo necessitará também transpor para uma base racional toda a sua compreensão do personagem histórico, a fim de realizar seu ensaio psicobiográfico.

É evidente que para consecução de uma Psicobiografia é necessária uma personalidade histórica que se possua farto material impresso sobre ela. Passamos muitos anos estudando sobre o padre Cícero. Desde 1986, quando foi publicado nosso livro "Nos Tempos do Padre Cícero", contos regionalistas baseados na vida de alguns personagens históricos da região nordestina, que temos interesse em realizar um estudo de Psicanálise aplicada para um melhor entendimento psicológico do padre Cícero. São estudos um pouco demorados, pois é indispensável além de conhecer bem a história do biografado, possuir os necessários conhecimentos psicológicos. Também exigem tempo e dedicação para amadurecer as reflexões e os progressivos "insights" obtidos na pesquisa psicobiográfica.

Provavelmente, alguns perguntarão se o estudo psicobiográfico de uma personalidade histórica é realmente necessário. Achamos que sim, principalmente, quando a vida e a obra daquele indivíduo tornaram-se importantes para o presente e o futuro de um povo. Apenas julgamos que se deve aguardar um bom número de anos após a morte do personagem histórico para se realizar sua Psicobiografia, a fim de se evitar que a revelação de algo mais íntimo possa constranger algum sobrevivente muito próximo do falecido e, também, para deixar que a verdade histórica surja com mais nitidez. No caso do padre Cícero, ele faleceu em 1934.

2 *Além do Princípio do Prazer*, cap. III, 1920.

Esperamos que tenhamos conseguido escapar a uma falha nos estudos biográficos que Freud apontou em "Leonardo da Vinci e uma lembrança de sua infância", parte VI:

> Muitas vezes escolhem o herói como assunto do seu estudo porque – segundo razões de sua vida emocional pessoal – desde o começo sentiram por ele uma afeição especial. Dedicam suas energias a um trabalho de idealização, destinado a incluir o grande homem na série de seus modelos infantis – revivendo neles, talvez, a ideia infantil que faziam de seu pai. Para satisfazer este desejo, eliminam até as características fisionômicas de seu personagem; apagam as marcas das lutas de sua vida, com resistências psicológicas internas e externas e nela não toleram nenhum vestígio de fraqueza ou imperfeição humana. Apresentam-nos, assim, uma figura ideal, fria, estranha, em vez de uma pessoa humana com a qual nós pudéssemos sentir remotamente relacionados. Isto é lastimável, pois assim sacrificam a verdade em benefício de uma ilusão e por causa de suas fantasias infantis abandonam a oportunidade de penetrar nos mais fascinantes segredos da natureza humana.

Uma das maiores dificuldades para a realização de estudos em Psicobiografia é a explicação clara para o leigo dos peculiares termos e complexos conceitos em Psicanálise. Resolvemos fazer uma parte deste trabalho dedicado a um resumo didático sobre esses termos e conceitos psicanalíticos. Talvez alguns especialistas estranhem a não referência a famosos autores psicanalíticos pós-freudianos. Isso foi consequência de, em parte, falta de tempo para um estudo minucioso das outras escolas teóricas e, por outra parte, constatamos que a teoria clássica freudiana somada às contribuições dos autores mencionados anteriormente são, aparentemente, mais adequadas para uma teoria da técnica em Psicobiografia, em virtude de seus postulados se referirem mais ao eu, ideal do eu e supereu, portanto, mais fáceis de discernir em um personagem histórico e, por inferência, encontrar as forças motivadoras inconscientes daquele indivíduo.

Por consequência de esta obra haver sido dividida em quatro partes relacionadas entre si, para maior clareza de seu conteúdo, o leitor encontrará algumas repetições de episódios históricos ou de conceitos psicanalíticos. A primeira parte é a introdução; a segunda parte um resumo histórico de vida do padre Cícero e de sua época; a terceira parte diz respeito ao estudo propriamente técnico, que inclui uma explicação dos termos e conceitos psicanalíticos, e a quarta parte são as considerações finais.

Não obstante a sua singular e complexa personalidade, padre Cícero era um ser humano como qualquer outro, por conseguinte, sujeito às mesmas leis psicológicas que regem a mente de qualquer indivíduo.

Esperamos que o nosso estudo científico, buscando a imparcialidade, não venha a dar margem a falsas interpretações sobre a personalidade do padre Cícero pelos seus opositores, antes pelo contrário, pois constatamos, inadvertidamente, sua extraordinária sinceridade de propósitos e a imensa dedicação aos seus ideais de uma vida mais devotada, sobretudo, ao bem do próximo. Como já dissemos, não fizemos este trabalho para lisonjear ou denegrir a imagem do padre Cícero, e sim para lhe compreender melhor. Por uma singular coincidência do destino, nascemos na mesma cidade onde padre Cícero nasceu. Embora separados por várias dezenas de anos, tivemos algumas influências históricas e sociais semelhantes. Estudamos Medicina na Bahia, nos especializando em Psiquiatria e, posteriormente, fizemos um aprendizado demorado de Psicanálise, no Rio de Janeiro. Há mais de três décadas exercemos essas especialidades, acumulando um já extenso conhecimento teórico e prático das mesmas. Assim sendo, resolvemos oferecer nossa colaboração, sob o aspecto psicológico, para uma melhor compreensão do controvertido tema do padre Cícero.

Quanto aos aspectos teológicos de sua existência, nos abstivemos de interferir, já que é um assunto alheio à nossa especialidade.

Gostaríamos, também, de advertir sobre a resistência psicológica que os trabalhos de cunho psicanalítico, às vezes, provocam em alguns leitores, principalmente naqueles cuja antipatia pela Psicanálise possua raízes inconscientes e, por conseguinte, imperceptíveis.

Por fim, provavelmente, alguns radicais acharão como William James falou sobre um dos seus escritos:

"Primeiro dirão que está tudo errado; depois é sem importância e trivial e, finalmente, que sempre haviam sabido disso".

Resumo biográfico e histórico sobre o Padre Cícero e sua época

Capítulo 1

1. O MEIO E A JUVENTUDE DE PADRE CÍCERO

Quando padre Cícero Romão Batista veio ao mundo em 1844, na sua cidade natal, o Crato, situado no sul do Estado do Ceará, estava prestes a ocorrer um surto de relativa prosperidade. A cidade estava encravada na chamada região do Cariri, designação advinda dos índios Cariri que habitaram o local antigamente, e situa-se no sopé da serra do Araripe, que separa os estados do Ceará e Pernambuco. Esses indígenas eram bastante belicosos e muito cientes da abundância desses solos, pelos quais frequentemente lutavam com as tribos circunvizinhas.

A região do Cariri constava de mais ou menos duas dezenas de municípios, flanqueados pela serra do Araripe. Era uma terra relativamente fértil, com sua economia preponderantemente agrária, baseada, sobretudo, no cultivo do algodão e da cana-de-açúcar. Os maiores proprietários eram os chamados senhores de engenho.

Quanto ao estado do Ceará, como um todo sua colonização se fez por meio, principalmente, de frentes pecuaristas advindas de estados vizinhos que buscavam novos pastos e, também, dos aldeamentos dos índios promovidos pelos missionários católicos. Esses núcleos populacionais eram chamados de Missões. A cidade do Crato era proveniente de um aldeamento indígena desses, principalmente constituído dos remanescentes dos índios Cariri, denominado Missão do Miranda, que era dirigido por capuchinhos italianos até 1758, quando o governo português criou o Diretório dos Índios, ficando os religiosos apenas com a função de curas ou párocos. Eles ergueram uma capela sob a invocação de Nossa Senhora da Penha, que se tornaria no futuro a matriz do Crato.

Primeiramente, predominava no vale do Cariri a criação de gado, contudo, a partir de 1750 foi se desenvolvendo a agricultura, com especial destaque para a cana-de-açúcar, que propiciou o surgimento dos senhores de engenho. Estes eram proprietários rurais que também mantinham a lei e a ordem, já que naquelas paragens longínquas a ação do governo era quase nula.

As relações comerciais eram mantidas principalmente com a cidade do Recife, capital do vizinho estado de Pernambuco e por onde a classe mais abastada encaminhava seus filhos para estudar. Com frequência, os jovens ingressavam em seminários, a fim de se tornarem padres, carreira muito prestigiada naquela época. Dessa situação, adveio a grande influência cultural e política de Recife sobre a gente caririense. Os movimentos revolucionários de 1817, 1822 e 1824 oriundos de Recife tiveram grande repercussão e propagação por toda essa região do vale do Cariri.

A vida política era dominada pelo que se designou de coronelismo. O título de coronel era adquirido da Guarda Nacional, instituição existente na época do império, por ricos proprietários rurais ou por comerciantes abastados. Ela congregava os cidadãos mais importantes da época os quais assumiam, com frequência, funções paramilitares exercendo grande mandonismo político e manipulando a votação de seus municípios.

Em meados do século XIX, houve uma expansão da produção agrícola no vale do Cariri, principalmente em relação ao algodão. A crescente necessidade da Europa por esse produto, em virtude principalmente da Guerra Civil Americana, estimulou sua produção e exportação. A revitalização econômica do Crato foi bem sensível, especialmente na produção de cana-de-açúcar. Crato e a vizinha cidade de Barbalha possuíam a maioria dos cerca de duzentos engenhos de cana-de-açúcar do vale. O seu principal produto era a rapadura, um bloco de açúcar escuro, ainda hoje muito apreciado nos sertões nordestinos.

O poder político nos municípios do Cariri era dominado pelos coronéis com "mão de ferro" – eles ditavam as leis e mandavam, com grande autoritarismo, em suas cidades. Esse poder político, na maioria das vezes, era oriundo da força dos jagunços contratados. Estes eram indivíduos fortemente armados e sustentados pelos coronéis. Na região do Cariri, naquela época, aconteceram inúmeras deposições sangrentas desses chefes municipais, promovidas pelos seus adversários políticos, geralmente um coronel da oposição. O Crato torna-se o maior centro comercial do Cariri, estendendo sua influência até os estados vizinhos do Piauí, Pernambuco, Paraíba e Rio Grande do Norte.

A cidade do Crato se destacou também na primeira metade do século XIX, nas lutas políticas pela Independência do Brasil. Na chamada "Confederação do Equador", o Crato foi o centro revolucionário de onde se espalharam para todo o estado do Ceará esses ideais inovadores. Esse movimento revolucionário oriundo da cidade do Recife, capital do vizinho estado de Pernambuco, aconteceu nos idos de 1817 e visava à independência dos estados nordestinos e à implantação do regime republicano. Com a sufocação do movimento pelas tropas governistas, muitos de seus líderes foram presos e até mortos pela repressão.

Possuindo um dos solos mais férteis da região, tornou-se o Crato um dos principais produtores e fornecedores de excedentes de alimentos para os sertões do semiárido nordestino. Como centro de distribuição de manufaturas europeias importadas para o interior, suas elites agrárias e mercantis tornam-se mais ligadas a Recife, próspera capital do estado de Pernambuco na época, do que mesmo Fortaleza, então uma simples sede administrativa da capitania do Ceará. Essa aproximação com Recife foi de muita importância política no primeiro quartel do século XIX. Aquela cidade foi palco de movimentos revolucionários separatistas e nacionalistas cujas ideologias foram introduzidas no Ceará por muitos cratenses ilustres. O Crato teve papel destacado nas lutas pela independência do país enfrentando os senhores portugueses de Fortaleza e Icó, os outros dois centros mais importantes em população e riqueza naquela época.

No tocante à vida religiosa, havia certa degradação nos costumes, ocasionada, sobretudo, pelos padres católicos que em sua maioria, viviam amasiados, constituindo famílias. Isso os tornava vulneráveis à crítica social. Por outro lado, havia muitas superstições e práticas místicas de extremo fanatismo, como por exemplo, as chamadas penitências, principalmente entre as classes pobres e ignorantes. Nestas, seus praticantes se autoflagelavam com chicotes dotados de pontas metálicas agudas, os quais produziam arranhões e ferimentos sangrentos. Houve um padre no Crato, chamado Félix de Moura que se notabilizou por essas práticas. O catolicismo ortodoxo estava, em meados do século XIX, em franca decomposição. Havia poucos padres em relação às necessidades das populações interioranas. Um viajante inglês, George Gardner, que esteve no Crato em 1838, admirou-se com a quantidade de padres que viviam abertamente amasiados com amantes e filhos ilegítimos. Ocorria, também, na época da Monarquia o costume de se realizarem eleições nos recintos das igrejas, as quais se tornavam, com relativa frequência, palco de lutas armadas entre as facções políticas rivais, provocando depredações e destruições no local. Foram se negligenciando as liturgias sacramentais, como o batismo e o matrimônio, em consequência das poucas visitas dos sacerdotes às zonas rurais ou porque os honorários clericais eram inacessíveis aos mais pobres. O que melhorava um pouco a situação eram as missões, tipo de atendimentos coletivos, ocasionalmente realizadas por padres estrangeiros, os quais levavam a mensagem religiosa aos mais pobres. Contudo, com frequência, esses missionários davam um tom apocalíptico aos seus discursos, ameaçando com a ira de Deus e a perdição iminente do homem. Isso dava margem à muita crença supersticiosa.

Quando o primeiro bispo do Ceará, dom Luiz Antônio dos Santos, assumiu a direção da diocese em 1861, na capital Fortaleza, promoveu no estado do Ceará o fortalecimento da hierarquia eclesiástica, em um movimento denominado por alguns autores “romanização” do clero. Esse movimento visava, sobretudo, ao saneamento moral da vida religiosa na província. A diocese no Ceará fora criada em 1854, sua jurisdição eclesiástica abrangia os limites geográficos da província na época do império. Estimava-se a população em 720 mil habitantes, contando-se apenas com 33 padres, a maioria dos quais, conforme já se disse, vivia amancebada, o que ocasionava desprestígio entre os leigos.

Dom Luiz, em vista daquela situação, resolve promover reformas drásticas objetivando duas ordens de coisas: restaurar o prestígio da igreja por meio de medidas moralizantes e remodelar o clero, tornando-o mais virtuoso e exemplar. Ele buscava transformar o catolicismo colonial brasileiro em uma espécie de catolicismo hierarquizado rigidamente subordinado a Roma.

Em fins do século XVIII, o estado do Ceará conheceu um período de relativa prosperidade econômica com a indústria da carne seca (as chamadas charqueadas) que era exportada através do porto da cidade de Aracati para o mercado nacional. Esse período favoreceu o enriquecimento dos municípios criadores de gado e a cidade do Icó, no sul do Ceará, despontou como o mais importante centro comercial. Essa prosperidade cearense durou até surgir a seca de 1790-1793, quando a maior parte do gado morreu de sede ou de fome, ao mesmo tempo em que foi se transferindo para o sul do Brasil a produção de charque. Essas secas assolam o Ceará em períodos variáveis (a maioria em torno de dez anos) causando enormes estragos em sua economia. Como as terras do chamado vale do Cariri eram relativamente férteis, foi surgindo a partir daquela época certo florescimento econômico na região, produzido pela vinda de capitais e de comerciantes da cidade de Icó, que se estabeleceram em cidades do vale do Cariri principalmente no Crato. Em meados do século XIX, o algodão avulta de importância como produto de exportação do Ceará. Esse incremento da produção de algodão deveu-se, em boa parte, à elevação do preço do produto no mercado inglês, motivado pela Guerra Civil Americana que prejudicou muito a produção algodoeira nos Estados Unidos.

Em 1764, a povoação oriunda da Missão do Miranda foi promovida à vila, com o nome de Crato. Foram nomeados dois juízes ordinários, um corpo de cavalaria e criaram um cargo de capitão-mor que foi entregue a um antepassado de padre Cícero, capitão Francisco Gomes de Melo, bisavô materno da genitora do padre.

Por essa época, o interior nordestino estava um tanto isolado pela distância do litoral. Não havia maiores ligações culturais ou comerciais com os grandes centros nacionais e, também, com os estrangeiros. A vida se concentrava, principalmente, em torno das casas das fazendas e de casebres esparsos ou juntos em pequenos arruados. Ao longo das margens dos rios, muitas dessas casas de fazenda se transformaram em povoados e, posteriormente, em cidades. A região nordestina foi desenvolvendo um tipo de cultura autossuficiente, a alimentação era constituída por elementos locais: carne do sol, leite e seus derivados, farinha, feijão, milho, carne de ovelha, bode, boi, galinha e porco. Os artesãos produziam os móveis necessários para as residências e, também, os sapatos e roupas de couro para os vaqueiros. A organização familiar obedecia ao padrão que Oliveira Viana chamou de clã parenteral, na qual o poder e a autoridade pertenciam ao membro mais velho da família, herdeiro, inclusive, dos títulos econômicos e políticos mais importantes.

Padre Cícero nasceu, em 24 de março de 1844, na antiga Vila Real do Crato, província do Ceará. Filho legítimo de Joaquim Romão Batista, modesto comerciante e proprietário de algumas terras nos arredores do Crato, e de sua esposa, Joaquina Vicência Romana, mais conhecida pela alcunha de Dona Quinô. Por seu lado, o pai Joaquim era filho do capitão Romão José Batista, latifundiário, que foi comandante do Corpo da Cavalaria do Exército Libertador e que se notabilizou por haver consolidado a independência do país nas províncias do Ceará, Piauí e Maranhão. Já sua mãe, Dona Quinô era uma das sete filhas do baiano José Ferreira Castão e de sua mulher Vicência Gomes Castão. Como já se disse, um antepassado materno do padre Cícero foi o capitão Francisco Gomes de Melo que após a inauguração da chamada Vila Real do

Crato foi o seu primeiro executivo municipal. Foi grande proprietário de terras e senhoreou vários sítios para si.

Padre Cícero tinha duas irmãs: Maria Angélica, vulgo Mariquinha, nascida em 25 de outubro de 1842 e falecida em 1878, durante a grande seca deste ano, e a outra irmã, mais nova que ele, chamava-se Angélica, nascida em 10 de outubro de 1849 e falecida em outubro de 1923, aos 74 anos de idade. Foi, portanto, padre Cícero o primeiro e único filho homem do casal. Provavelmente, foi muito bem esperado e amado por todos da família.

Padre Cícero teve uma meninice relativamente retraída. Brincava, de preferência, com suas irmãs. Gostava, também, de em dias de domingos e feriados tentar capturar passarinhos no sítio Fernandes de sua família. Ao que parece, foi um menino bastante singular, o que não impediu de correr, brincar, subir em árvores, participar de brincadeiras coletivas, como manja, esconde-esconde, ciranda-cirandinha etc. Gostava muito, também, de fazer orações, frequentar a igreja e a farmácia vizinha de sua casa do boticário capitão Garrido, onde ao entardecer se reuniam os intelectuais da época para discutirem sobre política, religião, história e leitura de jornais vindos de fora. Padre Cícero ouvia com grande atenção aquelas conversas, segundo padre Azarias seu confessor e biógrafo.

De acordo com o próprio testemunho, que deixou registrado no seu testamento, aos 12 anos de idade, inspirado na vida de São Francisco de Sales, fez votos de castidade e dedicação para a vida religiosa. Naquela época, a carreira eclesiástica era muito procurada pelas boas famílias do interior. Além disso, o lar de padre Cícero era impregnado de grande devoção à Maria Santíssima, talvez reflexo dos ensinamentos do missionário José Maria Ibiapina que adotou Maria em seu nome em devoção a mãe de Jesus e estivera naquela região havia pouco tempo.

Padre Cícero estudou em várias escolas particulares do Crato, inclusive na do padre João Marrocos, seu parente e pai de José Marrocos, seu grande amigo e futuro colega do seminário. Ao que parece, por sugestão do padre Marrocos, ele é encaminhado, posteriormente, para ir estudar no renomado educandário do padre Inácio Rolim, na cidade de Cajazeiras, situada na então província da Paraíba. Enquanto ainda estudava lá, no decorrer do ano de 1862, falece seu pai por ocasião de uma epidemia de cólera que assolou o Cariri. A família ficou em situação difícil e sem recurso para mantê-lo em Cajazeiras. Regressou ao Crato. Fizeram o inventário do pai, tiveram ainda de vender algumas coisas para o pagamento das dívidas deixadas por ele.

Graças ao auxílio de seu padrinho, coronel Antônio Luís Alves Pequeno, grande comerciante e político do Crato, amigo do primeiro bispo de Fortaleza, ou seja, dom Luiz Antônio dos Santos, pôde então padre Cícero ingressar, no ano de 1864, no recém-fundado Seminário de Fortaleza. Pegou a primeira turma que se formaria lá. José Marrocos, primo e amigo de infância, também ingressou no seminário, porém, após dois ou três anos foi desligado por motivos obscuros: uns dizem que foi porque era filho e neto de padres, outros dizem que praticava uma religiosidade excessiva, que era adepto do Jansenismo, o qual pregava grande rigorismo moral e severa ética.

Quando padre Cícero cursava o penúltimo ano do seminário, o Conselho do estabelecimento emitiu parecer desfavorável à sua ordenação, acusando-o de teimosia e de opiniões dissidentes, como por exemplo, numa memorável aula de Teologia quando se discutia a natureza do sangue que, embora raramente, tinha aparecido nas hóstias consagradas. Contra a opinião do professor que achava tratar-se apenas de um fato miraculoso para nos fortalecer a fé, padre Cícero sustentou veementemente sua convicção de que tratava-se do próprio sangue de Cristo. Essa opinião, certamente, iria influenciar seu julgamento, quando posteriormente em 1889, no Juazeiro, as hóstias se transformaram em sangue na boca da beata Maria de Araújo. Parece que novamente seu padrinho, coronel Antônio Luiz intercedeu ao seu favor junto ao bispo, para conseguir ordená-lo.

É interessante observar que na época do padre Cícero seminarista, o interior cearense foi inflamado pela palavra candente do grande missionário padre José Maria Ibiapina. Este realizou imensa obra social, construindo, na base do mutirão, orfanatos, cemitérios, igrejas. A religiosidade autêntica pregada por ele, porém, entrou em choque com as normas rígidas e protocolares, emanadas da diocese da sua época, e fizeram que padre Ibiapina fosse malvisto pelo bispo dom Luiz, que acabou expulsando-o de terras cearenses, mais ou menos na época em que padre Cícero começava sua vida sacerdotal.

Em 30 de novembro de 1870, Padre Cícero ordena-se e em janeiro de 1871, chega ao Crato. Permanece naquele ano ensinando Latim no Colégio Venerável Ibiapina, de propriedade de seu primo José Marrocos. Enquanto aguarda a designação para comandar uma paróquia, ele celebra nas capelas da região. Em fins de 1871, recebe um convite para celebrar a missa de Natal no povoado de Juazeiro, na capela Nossa Senhora das Dores, pertencente à paróquia da cidade do Crato.

Era Juazeiro um pequeno povoado encravado no município da cidade do Crato, constituído de quarenta casas mais ou menos (varia segundo os diferentes autores), com cerca de trezentos habitantes e que se originara de uma capela construída na fazenda Tabuleiro Grande, em 1827, em honra de Nossa Senhora das Dores. Era proprietário da fazenda o Brigadeiro Leandro Bezerra Monteiro, cujo neto Pedro Ribeiro de Carvalho acabara, havia pouco, de se ordenar na cidade de Olinda e viria a ser então o primeiro pároco da capela. A população foi crescendo, muitos eram descendentes dos escravos alforriados quando do falecimento do padre Pedro. A capela de Nossa Senhora das Dores teve mais quatro capelães antes da chegada de padre Cícero em 1871. Amália Xavier de Oliveira assim se reporta sobre essa fase[3]:

> Morreu padre Pedro em 1856, deixando todos os seus escravos libertos e na sua Carta de Alforria apenas exigiu uma condição: trabalharem, sem receber honorários, todas as vezes que a capelinha necessitasse de reparos. Os padres que o substituíram na capelinha eram também zelosos e piedosos. Mas os descendentes dos escravos não os obedeciam. Ao padre Pedro obedecia como escravos ao seu senhor. Não obedeciam aos outros capelães e da desobediência à degenerescência não levou muito tempo. Entregaram-se ao vício da embriaguês. Cada casa era uma bodega de cachaça. Cada alpendre um terreiro para os "sambas" que geralmente terminavam em pancadaria. Senhores e escravos se confundiam durante as festas na mais criminosa promiscuidade.

Juazeiro tornara-se, então, uma espécie de pousada para os viajantes que se dirigiam para a cidade do Crato; seus habitantes viviam em promiscuidade, cultivando maus hábitos de dançarem "sambas" e se excederem em bebedeiras. Padre Cícero ficou celebrando missas aos domingos na capelinha do Juazeiro, a pedido dos fazendeiros da vizinhança e também do professor Simião Macedo, residente naquela cidade. Pernoitava na escola que havia na rústica localidade. Numa dessas noites, teve um vívido sonho que foi decisivo em sua vida: Jesus Cristo entrava cercado de apóstolos, reclamava com voz estrondosa da corrupção dos homens, ameaçava com castigos e prometia somente mais uma tentativa para salvação do mundo. Em seguida, apontava para uma multidão de maltrapilhos sertanejos e dizia: "Você, Cícero, tome conta desse pobre povo,

3 *O padre Cícero que conheci*, 1974, p. 44.

fique cuidando da sua salvação". Em obediência ao sonho, padre Cícero muda-se definitivamente para Juazeiro levando consigo sua mãe, as duas irmãs solteiras e uma escrava, cria da casa, conhecida por Tereza do padre. Amália Xavier de Oliveira assim se refere sobre esse período[4]:

> Os proprietários lhe haviam prometido os meios de subsistência, à sua manutenção; prometeram e davam. Contou-me mesmo a Terezinha do padre; a despensa era farta: arroz, feijão, farinha, rapadura, milho, frutas, carne, galinha e roupa. Tudo recebido de presente.
>
> Admiremos o espírito e a abnegação do padre Cícero já bem demonstrado naquela época. Moço pobre, inteligente, bem ordenado, ia iniciar seu ministério sacerdotal, num lugarejo, de onde não podia esperar lucros materiais, confiando apenas nas promessas que lhe fizeram os amigos generosos. Não recebia dinheiro; dava-lhe alguma coisa quem queria dar, e quando queria, a título de presente. Teria que com que passar juntamente com sua família e nada mais. Só mesmo muito espírito de renúncia e muito amor às almas.
>
> Iniciou suas atividades de apóstolo, celebrando, confessando, rezando com todos o "Rosário da Mãe de Deus", como ele chamava.
>
> Diariamente reunia o povo na capela e depois de rezar o rosário, ensinava a doutrina, lia e explicava trecho da sagrada escritura.
>
> Quando se iniciou no Brasil a campanha da reza do terço, diariamente para atender o apelo de Nossa Senhora em suas aparições em Lourdes, e sobretudo em Fátima, em Juazeiro a mais desconhecida, humilde, pobre das aldeias, encravada num lugar longe da civilização, já se rezava todos os dias, não só o terço apenas, mas o rosário todo, guiados pelo padre Cícero que além de pregar a necessidade de rezar, dava o exemplo rezando ele mesmo com seus governados. E mais, fez que todos usassem ao pescoço o rosário, costume que ainda hoje conservamos.

4 Op. cit., p. 49.

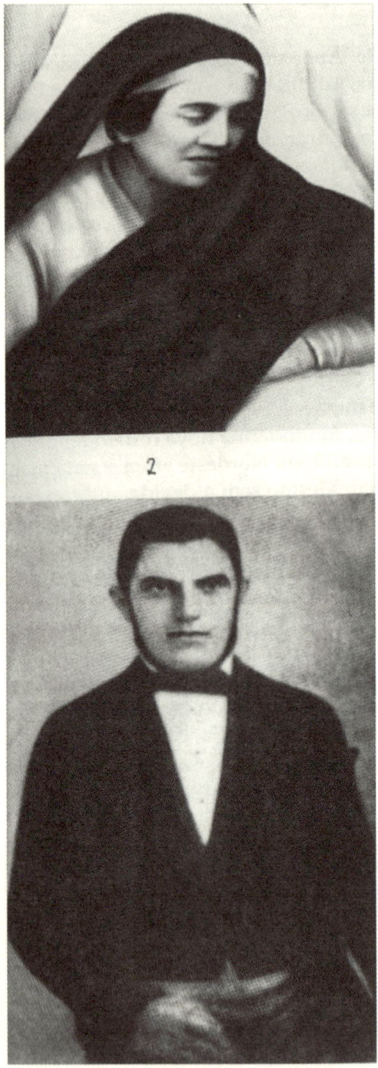

Os pais de Cícero: Joaquina Vicência Romana, a dona Quinô, e Joaquim Romão Batista.

José Antônio Pereira Ibiapina, o padre andarilho que fundou a ordem sertaneja de beatas, mulheres escolhidas entre a população mais simples do sertão. Exerceu grande influência sobre padre Cícero.

O povoado de Juazeiro à época da chegada de Cícero, em uma criação artística de Assunção Gonçalves, afilhada do padre. Os juazeiros fornecem sombra aos viajantes em passagem para o Crato.

A nova capela de Nossa Senhora das Dores, construída por Cícero em regime de mutirão entre 1875 e 1884.

2. PERÍODO APOSTOLAR

No período que vai de 1872, ano de sua chegada ao Juazeiro, até 1989 quando começaram a acontecer os milagres da hóstia se transformando em sangue, na boca da beata Maria de Araújo, padre Cícero realizou um intenso e profícuo apostolado: vivia paupérrimo, nada cobrava de emolumentos, sustentava-se da caridade alheia. Era completamente dedicado ao povo, em especial, aos pobres e desvalidos de toda sorte. Orientava-os em todos os sentidos: desde os problemas práticos, como transmitindo conhecimentos sobre agricultura, pecuária, medicina popular, entre outros, até procurando solucionar conflitos familiares, sociais, políticos, e também, cuidando dos problemas espirituais. Procurava levar a todos uma prática de vida edificante e, se possível, levar os descrentes para o aprisco da Igreja Católica. Recebia a todos com boa vontade, ia atender os doentes e moribundos a pé ou a cavalo a muitas léguas de distância de Juazeiro. Sobre essa fase assim nos fala seu biógrafo Manuel Dinis[5]:

> Quando não se haviam dado os fenômenos misteriosos e místicos de que foi principal instrumento a Maria de Araújo, o padre Cícero, que jamais recebeu pagamento pelos seus trabalhos religiosos e mantinha-se com o que espontaneamente lhe davam, levava uma vida tão simples e pobre, que não cuidava nem mesmo da sua própria batina, calçados e cabelos, ordinariamente desarranjados. Era tal que indo ao Crato, monsenhor Fernandes Távora, então vigário da paróquia, deu mais de uma vez batina e calçados, quase obrigando-o a encartonar-se neles e a mandar cortar o cabelo, fazer a barba e a coroa. Assim procedia por ser amigo de padre Cícero, cujas boas virtudes reconhecia, e não queria vê-lo de batina e calçados rotos, como, às vezes, andava

5 *Mistérios de Juazeiro*, 1935, p. 6.

> aqui, quer fizesse suas missões ou desobrigas, quer percorresse os brejos do rio Salgado, compondo os ânimos para que não brigassem por causa de água, quer se dirigisse ao local onde houvesse jogos ou sambas, para pôr-lhe termo, nem que precisasse empregar seu bastão de autoridade pastoral que ele gostava de usar. Era então muito respeitado e querido de todos, de sorte que fez do povoado de Juazeiro um seio de Abraão, ao contrário o que fora antes de sua chegada aqui, quando é notório que pessoas que viajavam da feira do Crato para Missão Velha se desviavam para não passarem por Juazeiro, receando ser vítima ou testemunha de alguma arruaça, cachaçada, tiro ou facada de uma molecagem insubordinada que vivia aqui, onde o mau costume era o tipo local, pois para tanto, infelizmente, tinha concorrido com o exemplo da sua má vida de mancebia, o capelão anterior ao padre Cícero, do qual ainda hoje existem filhos.

Sua fama de pároco exemplar e dedicado foi se espalhando pelas cidades circunvizinhas, levada principalmente por outros padres de fora que iam a Juazeiro para usufruir a companhia e os conselhos de padre Cícero. Compartilhavam, também, de sua extrema dedicação às orações. Amália Xavier de Oliveira[6] assim se expressa sobre esse período:

> A notícia da transformação porque ia passando aquele povo conhecido por todos como desordeiro, viciado, circulou por toda parte, e os sertanejos, mesmo aqueles que residiam em lugares afastados, começaram a frequentar o povoado, assistindo aos atos religiosos da capela de Nossa Senhora das Dores, cujo capelão, entregue totalmente ao serviço religioso daquela pobre terra, vivendo para beneficiar aquela humilde gente, havia conseguido tão grande transformação.

6 Op. cit., p. 50.

> Dia e noite, ficava exaustivamente no confessionário atendendo aos fiéis que o procuravam, quer da própria aldeia, quer vindo de lugares distantes.
>
> Celebrava. muitas vezes, ao meio-dia sem tomar alimento. Dormia e comia mal. Além dos trabalhos na capela, ia ainda aos sítios prestar socorros aos doentes, muitas vezes com grande distância, e não raro, andando a pé.

Realizou trabalhos de grande alcance social e moral por toda região do Cariri, destacando-se o atendimento aos flagelados da grande seca de 1877. Otacílio Anselmo[7] assim se expressa sobre esse período:

> Aquela seca produziu um número de vítimas jamais verificado e ainda não igualado por idêntico flagelo em toda América, determinara a perda de 1/3 da população do Ceará, reduzindo sua riqueza pastoril, antes avaliada em 24 mil contos de réis, a somente 200 contos e extinguira completamente a agricultura. Edmar Morel relembra em documento antigo segundo o qual sucumbiram 500 mil habitantes da província e vizinhança. De acordo com cálculos então realizados, de 1/2 milhão de mortos, 150 mil pereceu de inanição, 100 mil de febre e outras doenças, 80 mil de varíola e 180 mil de alimentação venenosa ou mesmo de sede.

Padre Cícero orientava os retirantes daquela seca para o povoamento e plantio na serra do Araripe, principalmente, para o cultivo de mandioca (farinha) e da maniçoba (tipo de borracha). Dedicava-se integralmente aos cuidados do seu rebanho. Em muitos pontos, padre Cícero assemelha-se nas

7 *Padre Cícero, Mito e Realidade*, 1968, p. 6.

ações ao padre Ibiapina, que anos antes passara pelo Cariri, dedicando-se com zelo e obstinação a ajudar os mais humildes, recrutando mulheres solteiras em irmandades sob sua orientação direta. Algumas dessas mulheres eram provenientes das Casas de Caridade fundadas pelo padre Ibiapina. Algumas eram viúvas, tinham certa instrução, como Isabel da Luz que se tornou uma conhecida educadora dos jovens de sua época em Juazeiro.

Tanto dom Luiz, primeiro bispo da Diocese do Ceará, como dom Joaquim José Vieira, seu sucessor desde 1883, depositavam em padre Cícero grande confiança. Quando em 1884 dom Joaquim esteve no Juazeiro para a consagração do altar da capela de Nossa Senhora das Dores que sofrera grande reforma e ampliação sob os cuidados do padre Cícero, teceu elogios ao clérico dizendo ser o empreendimento "um monumento que atesta o poder da fé da Santa Igreja Católica Apostólica e Romana." Contudo, após o episódio dos milagres em 1889, essa afeição de d. Joaquim por padre Cícero iria se transformar em intransigente rancor, devido o bispo não aceitar a origem sobrenatural dos fenômenos da hóstia. Apareceu um rumor que afirmava ter sido o padre Cícero nesses anos precedentes a 1889, um sacerdote exageradamente ardoroso e pouco exemplar pelo excesso no exercício de suas funções, sem, no entanto, haver provas convincentes disso. Segundo o autor Ralph Della Cava, os exageros piedosos e fervores desenfreados de alguns padres do Cariri eram conhecidos e não davam para se comparar com a atuação profícua de padre Cícero.

Em 1877, como já foi dito, ocorreu uma terrível seca que foi um dos maiores flagelos já acontecidos no estado do Ceará. Levas de retirantes chegaram ao Juazeiro em busca do auxílio do padre Cícero. Este fazia o que fosse possível para salvá-los da morte. Dividia com eles o pouco que recebia naquela época. Orientava-os quanto às virtudes das ervas silvestres, ajudava-os no preparo de infusões medicinais, consolava-os com suas orações e rezava com eles, pedindo chuvas aos santos. A seca trouxe uma fome crescente, a qual se acrescentaram as epidemias e o cangaço. Bandos de cangaceiros assaltavam as fazendas e espalhavam o terror pelas estradas. Agiam disfarçados de retirantes, para mais facilmente assaltarem as vilas e as cidades. Para tentar minorar tanta desgraça, o Governo Federal patrocina a ida de milhares de nordestinos para os estados da Amazônia e do Pará. Padre Cícero jamais esqueceria o sofrimento generalizado daquela fase. Mesmo quase quarenta anos depois, em carta ao dr. Moura Brasil, presidente da Sociedade Nacional de Agricultura, ele relembrava os episódios:

> Como bem sabe V. Exa., a seca de 1877 e as outras que se seguiram,cujo horrores por todos sabidos, forçaram-me a evitar a repetição de lastimáveis cenas que infelizmente presenciei, a empreender o plantio o plantio de mandioca em larga escala em todo Cariri e, principalmente, na serra do Araripe. E para isto conseguir, todas as pessoas que dos estados vizinhos vieram e continuaram a vir, obriguei-as a fazerem plantações em larga escala, as auxiliando em tudo que estava ao meu alcance. De fato, o resultado tem sido o melhor possível, porque nunca mais faltaram os meios de subsistência nos tempos críticos, sendo para notar que o Araripe tem sido o centro produtor de farinha para todos os estados vizinhos, evitando assim os horrores da fome.

A funesta seca durou até o ano de 1880, quando ocorreu um bom inverno e as coisas foram se normalizando na província do Ceará. Muitos que fugiram do flagelo da seca indo para o Cariri ficaram por lá sob a proteção do padre Cícero. A pequena vila do Juazeiro foi tomando impulso. O povo se entregou com entusiasmo às obras que padre Cícero empreendia, principalmente, a reforma e ampliação da igreja de Nossa Senhora das Dores, que começara em 1875 e somente foi concluída em 1884 em consequência da seca.

Luitgarde Cavalcanti Barros, pesquisadora e autora do livro "A Terra da Mãe de Deus", procura traçar um paralelo entre o catolicismo popular praticado por padre Ibiapina, padre Cícero e outros, e o catolicismo oficial, comandado pelas autoridades eclesiásticas que exigiam total submissão a Roma. Naquele livro[8], fazendo referência ao já mencionado sonho profético, encontramos essas considerações:

> Consideramos que esse sonho representa sua opção de vida missionária. As imagens aparecem como uma alegoria: o padre se identifica com os miseráveis que vagueiam pelo mundo em sua infelicidade. Encontra na união com esses homens a razão de ser de seu sacerdócio e, coerente com toda a formação religiosa de vivência leiga e sacerdotal, busca a ratificação divina para essa escolha. Legitima, pela ordem de Cristo, o trabalho que já vira Ibiapina fazer, incorrendo em desagrado do bispo. É esta sua primeira tentativa de conciliar uma práxis do catolicismo popular, de dedicação às baixas camadas, com a obediência à autoridade eclesiástica que, por sua própria razão de ser, buscará sempre a submissão delas à ortodoxia do Vaticano. A primeira manifestação prática dessa opção é a sua recusa em receber pagamentos pelos misteres do sacerdócio. Entrega-se com paixão e desprendimento absoluto ao cuidado de seu povo. A pé, a cavalo, visita todos os moradores sob sua responsabilidade sacerdotal. Combate o que ele considera vícios pecaminosos, e interfere na vida da população, altera-lhe os hábitos de lazer e exorta o povo ao trabalho. Reza e prega com fervor revivido dos antigos missionários. Procura minorar o sofrimento dos que o procuram e vivendo ele próprio de esmolas, tem sempre a casa cheia de pedintes com quem divide a sua própria pobreza. Como no tempo de Ibiapina, há um ressurgimento da vida religiosa na região. Cada vez mais crescente é o numero de pessoas que acorrem ao Juazeiro.

8 Op. cit., 1988, p. 118.

Assim, padre Cícero exerceu uma grande ação civilizadora não só na região do Cariri, como também, posteriormente, em todo o Nordeste. Levava uma vida dedicada a orações e de ajuda ao próximo. Lia livros e revistas especializadas de onde retirava conhecimentos de agricultura, pecuária, geologia, medicina, etc, para transmiti-los aos pobres. Exercia então uma práxis diretamente voltada para seu povo, visando não somente à sua elevação espiritual, como também, à solução de seus graves problemas materiais. Padre Neri Feitosa o considera precursor da chamada "Teologia da Libertação" na sua evidente opção pelos pobres (ver "O Padre Cícero e a Opção pelos Pobres", Rio de Janeiro, Edições Paulinas, 1984). Em contrapartida, sua ação foi se tornando fomentadora involuntariamente de acentuado fanatismo, principalmente, depois da chamada "questão religiosa" sobre os milagres das hóstias, que lhe valeram a suspensão de suas ordens religiosas por dom Joaquim. Tornou-se uma vítima da hierarquia católica. O povo, contudo, que sempre acreditou nos milagres, se identificou com ele em seu sofrimento e o apoiou decididamente. Engendrou-se um mito. Era o "padrinho" da desamparada gente nordestina, que o designava com este esse carinhoso nome.

3. A QUESTÃO RELIGIOSA

Em 1888, uma nova seca abateu-se sobre o vale do Cariri. Padre Cícero e seus devotos entregaram-se a longos períodos de orações, vigílias, promessas, jejuns, visando a aplacar dos céus os efeitos de mais aquela desgraça. Por essa época, já fazia quase vinte anos que padre Cícero vivia no Juazeiro uma vida edificante, com renúncia de confortos materiais e exclusivamente dedicado ao povo. Na primeira sexta-feira de março de 1889, tencionavam fazer um ato de profunda reparação ao Sagrado Coração de Jesus, com intenção de debelar mais aquela seca. Ao dar a comunhão para a beata Maria de Araújo, a hóstia se transforma em sangue, ocorrência que se repetiu várias vezes. Ela era uma pessoa simples, lavadeira, 28 anos de idade e residia com a família do padre. O fato extraordinário ocorreu todas as quartas e sextas-feiras da quaresma. Foi testemunhado por centenas e até milhares de pessoas. Por fim, em sete de julho de 1889, dia da festa litúrgica católica do precioso sangue, monsenhor Monteiro, reitor do seminário do Crato, liderou uma romaria de três mil pessoas ao Juazeiro com a finalidade de presenciar o milagre. Ele subiu ao púlpito e fez um inflamado sermão sobre o Mistério da Paixão e Morte de Cristo. Em seguida, agitou no ar alguns panos do altar que estavam visivelmente manchados de sangue; tal sangue, declarou, saíra da hóstia que fora recebida por Maria de Araújo e era, segundo ele, o próprio sangue de Jesus Cristo. Era essa, também, a crença do padre Cícero, ou seja, que o sangue aparecido nas hóstias era o próprio sangue de Cristo, novamente derramado para uma nova redenção.

Por essa época, já assumira a direção da diocese na capital, d. Joaquim José Vieira, um autoritário bispo oriundo de São Paulo. d. Joaquim, que morava na sede do bispado em Fortaleza, passou meses sem tomar conhecimento dos extraordinários fatos ocorridos em Juazeiro. Somente veio a saber por via indireta. Um dos motivos para essa reserva do padre Cícero em relatar esses extraordinários fenômenos a dom Joaquim foi provavelmente em consequência das admoestações que recebera do bispo quando quatro ou cinco anos atrás lhe falara sobre estranhos episódios místicos que ocorriam com Maria de Araújo.

Enquanto isso, padre Cícero estava absorvido em êxtases, comunhões, muitas orações e, também, muitas conversões de pessoas que afluíam para Juazeiro. Era cada vez maior o número de devotos que se dirigiam ao Juazeiro atraídos pelos milagres. Somente após d. Joaquim reclamar da falta de notícias é que padre Cícero escreve a seguinte carta, da qual transcrevemos os principais trechos:

> Ilmo. e Exmo. Sr. Bispo,
>
> Recebi duas cartas de V. Exa. Rev. e finalmente outra dirigida ao padre Monteiro que também me dizia respeito, e me obriga a

pedir a V. Exa. Rev. não desculpa, mas muita indulgência e perdão, por não ter, desde muito, escrito sobre tudo acerca do assunto de que fala V. Exa. Rev.

O fato extraordinário de que V. Exa. já teve alguma informação não só por monsenhor Monteiro como por mais alguém, para maior honra e glória de Deus, eu sou obrigado a dizer que é verdade, que fui testemunha muitas vezes. Ainda que exceda a pouca fé minha e de outros, que não sabemos o excesso de amor do Sagrado Coração de Jesus fazendo esforços para salvar os homens, não posso duvidar do que vi muitas vezes.

Temos aqui uma irmandade, do Sagrado Coração de Jesus – é o apostolado da oração – com muita gente, fazendo solenidades das primeiras sextas-feiras com missas, comunhões, tudo conforme o regulamento. Nós todos aqui na maior aflição, desenganados do inverno, sem recursos, absolutamente nenhum para escapar de morrer pela fome, faziam-se romarias, preces, novenas e mais novenas, orava-se pública e particularmente muito, porque a aflição de todos era imensa, tendo cada um o justo temor dos horrores da seca. Chegou a primeira sexta-feira do mês de março da quaresma desse ano, eu chamo a toda irmandade como de costume, para comunhão reparadora do mês e todos mais que quisessem tomar parte, para fazermos uma comunhão reparadora grande ao Sagrado Coração, segundo sua divina intenção, e para que usasse de misericórdia conosco. Passei toda a noite confessando homens na igreja, onde passavam também orando seis ou oito mulheres que faziam parte da irmandade, com pena delas, interrompi o trabalho, fui despachá-las dando a comunhão das quatro e meia para cinco horas, antes dos outros!

Quando dei à beata Maria de Araújo – que era a primeira – a sagrada forma logo que depositei na boca, imediatamente, transformou-se em porção de sangue que uma parte ela engoliu, servindo-lhe de comunhão e a outra correu pela toalha caindo no chão; eu não esperava e vexado para continuar as confissões interrompidas, que eram ainda muitas, não prestei atenção e por isso não atendi o fato na ocasião em que se deu, porém, depois que depositei a âmbula no Sacrário, eu vou descendo, ela vem entender-se comigo cheia de aflição e vexame de morte, trazendo a toalha dobrada, para que não vissem e levantava a mão esquerda, onde nas costas havia caído um pouco e corria um fio pelo braço e ela com temor de tocar com a outra mão naquele sangue, como certa que era a mesma a hóstia, conservava um certo equilíbrio para não gotejar sangue no chão.

Eu, que conheço a sinceridade e a simplicidade dessa criatura, a confusão e o vexame com que ela estava, nem sequer eu tinha dúvida da verdade que via, voltei com ela e no altar, onde tinha um copo com água, purifiquei a que havia nas mãos e no braço com o pouco que tinha caído na mursa, dei a beber indo, depois purificar o que tinha caído no chão no lugar da comunhão.

Alguma pessoa sempre viu alguma coisa e não soube calar-se; mas eu fiz por abafar o quanto pude; porém, o fato continuou regularmente todas as sextas e quartas-feiras e no sábado, véspera do domingo da Paixão, todos os dias até o dia da Assunção, inclusivamente, quando cessou, comungando regularmente nas espécies de pão, como era antes.

Foi tempo de sobra para verificar bem certo da verdade do que via. Eu me conservei sempre no firme propósito de ocultar, tomando toda cautela para que não se visse, fazendo-a comungar separada das outras. Tal era o meu propósito de não publicar por muitos motivos que eu achava razoáveis, que para não utilizar as toalhas melhores, escolhi as toalhas e panos mais ordinários à maneira do Espírito de Jesus (que me arrependo seriamente disto Excelentíssimo Senhor) porque eu sabia que era o precioso sangue de Nosso Senhor, chegando a minha miséria até sentir enjoo de estômago pelo cheiro ativo de sangue...

...O que eu devia fazer era comunicar tudo a V. Exa.; porém, chove de toda parte um aluvião de gente, que tudo quer se confessar e, contritos deveras, verdadeiros romeiros, eram quinhentos,

> mil, ou até dois mil, foi uma coisa extraordinária, famílias e mais famílias, uns a cavalo, outros a pé, com verdadeiro espírito de penitência, quanta gente ruim se convertendo, outro milagre se cumprindo: que Nosso Senhor no dia 20 para 21 de agosto passado, disse em uma das manifestações maior do que acabei de referir, constituindo-a para ela fazer penitência e orar no lugar dele pelos vivos e pelos mortos e que orasse à S.S. Virgem para que as suas dores fossem à conversão e salvação de todos os que viessem aqui...
>
> Só Deus me podia obrigar a manifestar essas coisas, eu vendo e sentindo a necessidade de escrever a V. Exa., não só para dar uma satisfação, como para pedir perdão do que realmente foi grande imprudência...
>
> ass: Padre Cícero Romão Batista.

É provável que padre Cícero não tenha percebido a exigência excessiva de obediência peculiar ao bispo e se descuidou de avisá-lo. Este, buscando esclarecer os fatos extraordinários, procura afastar a beata de seu confessor e ordena que ela vá residir na casa de caridade na vizinha cidade do Crato.

Ao que parece, dom Joaquim ficou em dúvida sobre a procedência do sangue. Seria da própria hóstia, o que seria um fato maravilhoso, ou teria ocorrido simplesmente um fenômeno natural oriundo da boca da beata? Sentindo fortes reservas em admitir algo sobrenatural, resolveu proibir padre Cícero de qualificar como milagrosos os fatos ocorridos e proibiu a adoração dos panos do altar manchados de sangue. Contudo, o bispo não impediu que os padres se referissem, publicamente, aos fatos que presenciaram e tiveram participação. A notícia dos supostos milagres se espalhou, rapidamente, pelos sertões nordestinos.

O bispo solicitou aos padres que em futuras ocorrências se cercassem de pessoas fidedignas e que pudessem testemunhar sob juramento, o que viram e ouviram. Sugeriu, também, conforme já dissemos, que padre Cícero transferisse a beata Maria de Araújo para o Crato. Se o padre e a beata concordassem, conjeturava ele, isso já seria uma prova de sinceridade. Ele queria afastar a beata de influência do padre Cícero, para constatar se os fatos extraordinários se repetiriam nessas circunstâncias. Ocorreu, no entanto, que a mãe da beata solicitou do bispo a suspensão de ordem, alegando motivos de saúde.

Dom Joaquim não só sentiu-se desobedecido, como também, formou sua opinião de que não teria havido nenhum milagre. Mais uma vez proibiu o padre Cícero de se referir ao fenômeno como sendo milagroso, quer em público ou pela imprensa. Competiria doravante ao padre Cícero provar ao bispo que o que acontecera tinha sido realmente um milagre.

Houve, então, um período de relativa calmaria de junho de 1890 a maio de 1891, não constando, ao que se sabe, correspondência entre o bispo e os defensores do milagre em Juazeiro. Contudo, a publicidade em torno dos fenômenos extraordinários foi crescendo até que, então, o d. Joaquim assumiu uma contestação pública contra a ocorrência de milagre.

Como a beata Maria de Araújo, alegando motivo de saúde, esquivou-se de residir no Crato, o bispo d. Joaquim conclui precipitadamente que os fenômenos resultavam, provavelmente, de embustes da beata e da ingenuidade do padre Cícero.

Em abril de 1891, a imprensa de Fortaleza publicou um documento que alcançou grande repercussão: foi uma declaração de um conhecido médico do Crato, dr. Marcos Madeira, dizendo que após exame acurado com testemunhas, verificou que a hóstia se transformara realmente em sangue e afastando a hipótese de doença disse: "é um fato sobrenatural para o qual não me foi possível encontrar explicação científica".

Em julho de 1891, o padre Cícero vai a Fortaleza após duas intimações do bispo. É submetido a longos interrogatórios e relatos escritos. Por fim, o bispo proferiu uma decisão interlocutória negando que a hóstia pudesse se transformar no sangue de Cristo: "não é, nem pode ser, segundo os ensinamentos da Teologia Católica". D. Joaquim proibiu ao padre Cícero e a outros padres envolvidos de falarem em público que os fatos ocorridos com a hóstia eram milagrosos, ordenou a cessação da veneração pelos fiéis dos panos manchados de sangue, e prometeu instituir uma comissão episcopal de Inquérito para esclarecimento do caso.

A decisão interlocutória de d. Joaquim provoca forte indignação no Cariri. Cinco padres e trinta e quatro cidadãos enviam uma petição solicitando a rescisão daquela deliberação. Acompanhava a petição uma carta do padre Cícero na qual relatava que durante três dias consecutivos, Cristo aparecera-lhe em visões e lhe revelara o significado dos acontecimentos extraordinários. Dizia padre Cícero: "À vista de testemunho desta ordem, poderia eu deixar de crer e de afirmar que o sangue manifestado aqui nas sagradas formas é o sangue de Jesus Cristo?". D. Joaquim rejeitou a apelação.

A comissão de inquérito formada por d. Joaquim foi chefiada pelo padre Glycério Lobo, muito conceituado nos meios eclesiásticos, e começou seus trabalhos em 9 de setembro de 1891, após três dias de recolhimento e orações. No relatório final, disseram haver presenciado a transformação da hóstia em sangue várias vezes, inclusive na ausência do padre Cícero. Deu parecer francamente favorável a tese da sobrenaturalidade dos fatos de Juazeiro, contudo, o bispo recusou com indignação essas conclusões.

Em outubro de 1891, sessenta e um cidadãos eminentes do Crato, Juazeiro e cidades vizinhas fizeram nova apelação (o chamado "Memorando de Outubro") ao bispo e reivindicando, inclusive, o direito de apelarem a Roma caso d. Joaquim continuasse a se opor. Ralph Della Cava[9] declara:

> As elites do Crato e de Barbalha e de outros municípios do Cariri cerraram fileiras com os dissidentes, em virtude do prestígio do padre Cícero e da posição social de monsenhor Monteiro, reitor do Seminário do Crato. A presença da comissão de inquérito, meses

9 *Milagre em Juazeiro*, 1976, p. 60.

> antes, em Juazeiro e Crato, a infindável onda de peregrinos e de declarações públicas de apoio da parte de numerosos padres, constituíam provas tangíveis, para as elites de que os acontecimentos de Juazeiro mereciam crédito.
>
> Foram as classes inferiores, entretanto, que demonstraram ser as mais entusiastas com os milagres. A fé que neles depositavam, bem como no padre Cícero, jamais desvaneceu. Quando d. Joaquim obteve, mais tarde, deserções entre as elites e o clero, as classes inferiores tornaram-se intransigentes adeptas do clérico, mesmo depois que a luta do padre [padre] Cícero com a hierarquia cearense lhe ocasionara suspeitas governamentais e censuras eclesiásticas. Essa hostilidade da parte do Estado e da Igreja levou as classes inferiores do Juazeiro a recorrer, em várias oportunidades, a explosões de violência e defesa armada em favor do padre Cícero. Tais atos de protesto contra as autoridades dominantes na sociedade brasileira não chegaram, entretanto, à revolução. Padre Cícero jamais endossou as expressões agressivas de solidariedade; ao contrário, tudo fez para controlá-las e evitá-las. A personalidade do sacerdote e seu desejo profundo de que apelação a Roma fosse bem sucedida, exigiam, de seus adeptos, docilidade, subserviência e apoliticismo.

Foi se constituindo então uma verdadeira "religião popular" em contraste com a religião oficial do clero. Surgiram novas beatas alegando terem visões, êxtases e revelações, inclusive em outras cidades como Icó, Aracati e União (atual Jaguaruana). Os fenômenos foram se repetindo numa verdadeira histeria coletiva. Pregavam uma visão apocalíptica do fim do mundo. A recente derrubada da Monarquia e a decretada autoridade da República sobre o matrimônio, que antes era somente válido pelo casamento religioso, eram dados como prova do juízo final que estaria por vir. Além dessa visão apocalíptica, a fama de milagroso de padre Cícero foi se espalhando, já chegavam numerosos romeiros provenientes dos estados vizinhos em busca da pequena urna de vidro contendo os panos ensanguentados e hóstias não consumidas colocadas no altar--mor da capela de Nossa Senhora das Dores em Juazeiro. Tanto as hóstias como os panos estavam manchados do que se propalava ser o precioso sangue de Cristo derramado por ocasião das comunhões da beata. Apesar da proibição expressa de d. Joaquim, a urna tornou-se logo o principal objeto de adoração dos romeiros.

Por essa época, destacou-se, como ferrenho defensor da origem divina dos milagres, o senhor José Teles Marrocos, primo de padre Cícero, e que foi uma figura bastante singular dos milagres. Ralph Della Cava traça resumidamente seu perfil[10]:

> ...José Joaquim Teles Marrocos cujo desempenho no início da história da questão religiosa de Juazeiro, é de tal importância que merece aqui uma breve menção biográfica. Marrocos era filho natural de um padre, parente e amigo íntimo do padre Cícero. Antes do milagre de Juazeiro, conquistara para si um lugar na história do Ceará, como um dos cruzados abolicionistas do Brasil. Tendo exercido jornalismo no Rio e, mais tarde, em Fortaleza, contribuiu para derrubada da odiosa instituição da escravidão. Foi esse apenas um episódio passageiro na sua carreira, dedicada, acima de tudo, ao ensino e ao jornalismo no Cariri onde fundou escolas e jornais. Marrocos, entretanto, era um homem frustrado. Sua primitiva ambição como a de seu primo padre Cícero, fora a de ingressar no sacerdócio. Mas por questões de disciplina foi expulso do seminário de Fortaleza[11], pelo padre Chevalier, encerrando-se assim a sua aspiração mais profunda.
>
> Marrocos, ao que parece, compensou esse insucesso, dedicando sua vida à religião e à igreja. Os contemporâneos observaram-lhe o hábito constante de ler o breviário romano, coleção de orações

10 Op. cit., p. 60 e 61.

11 Alguns autores afirmam que Marrocos era dado a uma prática religiosa exagerada, jansenismo etc.

feitas diariamente pelos padres, bem como os frequentes atos de piedade. Era amigo dos pobres e do clero. Chegou a construir, às próprias custas, um cemitério perto do Crato, e uma capela em Fortaleza para uso exclusivo da população escrava da capital. Em 1890, a pedido do padre A. E. Frota, vigário-geral da diocese do Ceará, organizou no Crato um malfadado partido católico, "com objetivo de opor-se às leis iníquas do governo contra a nossa santa religião". Não era a primeira vez que um ex-seminarista demonstrava entusiasmo pelas causas especiais da sua igreja. Três decênios antes coubera a Marrocos mobilizar o Crato em apoio ao venerável padre mestre Ibiapina. Durante a visita do missionário, em 1868-1869, foi Marrocos quem editou a Voz da Religião no Cariri e deu publicidade "as curas milagrosas" atribuídas a Ibiapina em Caldas e outros lugares da região.

Tendo em vista o passado de Marrocos, sua piedade e participação política, não é de surpreender que viesse a desempenhar um papel importante no milagre do Juazeiro. Não há dúvida de que foi um dos primeiros a privar do segredo do milagre inicial de março de 1889. Três meses mais tarde, insistiu, secretamente, junto ao padre Cícero no sentido de preparar Juazeiro para grande celebração solene da festa litúrgica do Precioso Sangue, o que, de fato, se deu em julho e à qual monsenhor Monteiro compareceu chefiando três mil peregrinos provenientes do Crato. Marrocos pôs, calmamente, todo seu talento jornalístico a serviço da propaganda do mais recente milagre ocorrido no Cariri. Há indícios de que os poucos artigos publicados em 1889 no Rio de Janeiro e em Recife foram de sua autoria.

O bispo dom Joaquim, inconformado com as conclusões da primeira comissão de inquérito e tendo de enfrentar a grande maioria dos padres e cidadãos importantes da região francamente a favor da tese da sobrenaturalidade dos fenômenos da hóstia, resolve instituir uma segunda comissão de inquérito.

Outro importante fator que fez aumentar as suspeitas de d. Joaquim sobre Maria de Araújo foi um relatório secreto enviado pelo padre Quintino de Oliveira e Silva, vice-reitor do Seminário do Crato, em resposta às indagações secretamente formuladas pelo bispo em oito perguntas. Em resumo, padre Quintino afirmou que nunca viu a hóstia se transformar em sangue, que isso ocorria somente vários minutos depois que a beata reabria a boca após haver comungado. Deu a entender, também, que a beata havia lhe mentido acerca de visões aparentes. Padre Quintino afirmou que a beata Maria de Araújo escondia o rosto sob um véu, o que, também, aumentou a suspeita de dom Joaquim. Este supôs, então, que a beata substituía, fortuitamente, a hóstia consagrada por outra que produzia algo parecido com sangue, o que era equivalente a considerá-la desonesta.

A exigência do bispo de que a sobrenaturalidade dos fenômenos e propalada santidade da beata Maria de Araújo estivessem condicionadas à total obediência à autoridade eclesiástica iria levar-lhe à completa descrença nos milagres. Exigiu novamente que a beata mudasse para a casa de caridade da vizinha cidade do Crato, pertencente à diocese. A beata opôs resistência alegando motivos de saúde. Em carta datada em 4 de junho de 1890 para padre Cícero, assim ele se expressa, antes mesmo da conclusão da primeira comissão de inquérito por ele nomeada, ou seja, ele já tinha um juízo pré-formado contra a sobrenaturalidade dos fenômenos.

> ...se Maria de Araújo for realmente uma santa, como se pretende, será pronta em obedecer à legítima autoridade e o seu confessor influirá sobre o seu espírito para o fiel cumprimento da determinação diocesana...
>
> Era a prova real das suas virtudes: infelizmente nada disso aconteceu, V. Revma. resistiu de algum modo e Maria de Araújo desobedeceu-me!!!
>
> Esse fato foi de um efeito mau para meu espírito, arruinou o castelo que se ia formando no meu ânimo... para mim, tudo

> está acabado, não há sobre naturalidade nos fatos acontecidos com Maria de Araújo... meu juízo está formado.

Empreendeu então o bispo várias iniciativas objetivando fragilizar os defensores dos milagres:

1° – Transfere o vigário do Crato e nomeia padre Alexandrino Alencar para o cargo.

2° – Exige que todos os padres do Cariri lhe prestem obediência por escrito.

3° – Destitui monsenhor Monteiro do cargo de reitor do Seminário do Crato.

4° – Exige que a urna com os panos e hóstias seja retirada do Juazeiro e entregue ao padre Alexandrino no Crato.

Em 20 de abril de 1892, a segunda comissão nomeada pelo bispo e devidamente instruída contra a sobrenaturalidade dos fenômenos das hóstias começa suas atividades. O padre Alexandrino Alencar preside a comissão, a qual abre seus trabalhos na presença dos padres Manoel Ramiro dos Santos, Quintino Rodrigues de Oliveira e Silva, do médico Marcos Rodrigues Madeira, do coronel Joaquim Secundo Chaves, e mais alguns senhores da elite cratense. Exigiu que a beata Maria de Araújo por ocasião da comunhão não envolvesse o rosto e as mãos com o manto e mantivesse a boca aberta. Em três tentativas, a hóstia não se transformou em sangue, a comissão considerou desmascarados os supostos milagres e escreveu novo relatório ao bispo expondo estas conclusões. Pelo que podemos compreender, os fenômenos não eram sobrenaturais e nem tampouco, embustes, como queria d. Joaquim. Foram, ao que nos parece, fenômenos paranormais ocorridos em circunstâncias excepcionais, o que, aliás, já tem ocorrido com vários místicos na história religiosa.

De acordo com os preceitos da Parapsicologia, os fenômenos paranormais são caprichosos, exigem espontaneidade e certas condições para se manifestar. Como a Segunda Comissão colocou a beata Maria de Araújo sob rígido controle, seria quase impossível que os notáveis fenômenos ocorressem. O relatório da Segunda Comissão de Inquérito continha o que o bispo d. Joaquim já queria previamente conseguir – o descrédito nos "milagres".

Enquanto isso, as romarias a Juazeiro aumentaram muito, os romeiros traziam para o padre Cícero muitos presentes e, também, muito dinheiro. A crença no milagre se espalhou pelo Nordeste. O sofrido povo sertanejo se identificava com aquele padre "tão perseguido". Após quase vinte anos, tornou-se realidade aquela cena de seu sonho profético que lhe induzira a se instalar no Juazeiro: eram filas e mais filas de maltrapilhos nordestinos em busca de sua ajuda. Por mais que dom Joaquim procurasse desacreditar os fatos tidos como milagrosos, era como se produzisse um efeito contrário perante os romeiros – eles acorriam em levas crescentes para o Juazeiro.

D. Joaquim, em uma portaria datada de 5 de agosto de 1892, resolve suspender do uso de ordens não só o padre Cícero, como também, o padre Glycério que presidira a primeira comissão.

Enfim, o bispo conclui pela falsidade dos milagres e em 25 de março 1893 publica uma carta pastoral exortando os padres da diocese a desmascararem os supostos milagres de Juazeiro. Naquele mesmo ano, envia para Roma os dois processos elaborados pelas comissões de inquérito acompanhadas de documentos secretos, desconhecidos do padre Cícero, em atendimento à apelação encaminhada pelos defensores do milagre. Em 4 de abril de 1894, o Santo Ofício expediu o parecer definitivo contra os chamados milagres de Juazeiro. Luitgarde Cavalcanti Barros assim se expressa[12]:

> Quando em 1894 o Santo Oficio expediu o parecer definitivo sobre as ocorrências de Juazeiro, d. Joaquim pensou estar

12 Op. cit., p. 217.

> terminada a questão. Era o encerramento das discussões, com, ao mesmo tempo, o aniquilamento de Juazeiro, como centro de peregrinações. Ficava proibida a visita à beata. Seriam queimados todos os escritos que tratassem dos fatos, aos padres e leigos ficava interditado o direito de falar ou escrever sobre os milagres, e deveriam ser queimados os panos ensanguentados e toda e qualquer relíquia conservada por alguém, relacionada com Juazeiro.
>
> A essas decisões, o bispo juntou a ordem de todos os sacerdotes buscarem as medalhas que haviam sido cunhadas com as efígies de padre Cícero e Maria de Araújo e enviá-las ao diocesano e "façam ver ao povo que, não é lícito em consciência, dar-se qualquer culto de veneração a esse supersticioso objeto". A pena atribuída a quem tratasse do problema pela Pastoral do bispo de 25 de junho daquele ano, que divulgou a penalidade do Santo Ofício, foi de "poena suspensiones ipso facto incurrenda" aos sacerdotes e privação dos sacramentos aos leigos.

Nesse ínterim, a urna contendo os panos manchados de sangue é furtada do altar da matriz do Crato e o bispo exige então que aquele que os tivesse, os devolvesse às autoridades eclesiásticas sob pena de excomunhão.

Dom Joaquim convoca à Fortaleza padre Cícero e outros sacerdotes relacionados com os fenômenos de Juazeiro, notadamente Francisco Rodrigues Monteiro, Francisco Ferreira Antero e Glycério da Costa Lobo. Comunica-lhes as decisões do Santo Ofício e exige que prestem juramento de obediência a essas decisões

Mas, padre Cícero continuava absorvido na sua missão de ajudar os desvalidos da sorte em Juazeiro, tal como se propusera naquele sonho decisivo de sua vida. Julga que o Santo Ofício de Roma fora mal influenciado pelas disposições de d. Joaquim. Resolve viajar para Roma a fim de se entrevistar com o papa.

Em novembro de 1896, aconteceu um fato insólito durante uma pregação noturna que padre Cícero fazia para uma multidão de romeiros, cinco homens armados de faca tentam assassiná-lo. O povo se interpôs e impediu que o assassínio se consumasse. A responsabilidade pelo atentado foi atribuída ao monsenhor Alexandrino, vigário da vizinha cidade do Crato. Houve um temor generalizado que os romeiros, em represália, invadissem o Crato. Monsenhor Alexandrino solicitou de dom Joaquim que requeresse a imediata intervenção do governo estadual em Juazeiro, no entanto, padre Cícero intervém e consegue acalmar os ânimos, evitando ameaças ao Crato.

É interessante observar que foram dadas ordens expressas para que se destruíssem os panos ensanguentados provenientes das comunhões da beata Maria de Araújo, que se encontravam numa caixa de madeira no altar da igreja-matriz do Crato. Os panos haviam sido roubados e apesar da proclamação do bispo de que o autor estaria excomungado, caso não os devolvesse, eles jamais apareceram, a não ser cerca de vinte anos depois, em seguida da morte quase repentina de José Marrocos. Segundo testemunhas, o caixãozinho de madeira encontrava-se sobre um oratório, perto do qual havia uma lamparina sempre acesa, num quarto de um sobrado que José Marrocos mantinha na cidade do Crato. Ele fora, portanto, o autor do citado furto. Conta-se que, sempre que possível, José Marrocos ficava horas a fio de joelho em oração e contemplação nesse oratório. Ele certamente acreditava na origem divina desse sangue. O fato de Marrocos prestar grande reverência aos panos demonstra sua crença na origem sobrenatural do sangue e não, como queriam alguns opositores, uma tentativa de ocultar um embuste, evitando um exame químico apurado, que seria realizado se a urna não tivesse sido furtada. Segundo Luitgarde Cavalcanti Barros[13]:

13 Op. cit., p. 217.

> Os padres rebeldes foram dobrados um a um. No fim de 1894, só resistiam à retratação pública padre Monteiro, padre Manoel Rodrigues Lima, padre Cícero e padre Antero. Sob as pressões, só o padre Cícero não cedeu, amparado como estava por seu povo.
>
> A missão de sua vida tornou-se por demais absorvente. Seus seguidores que se contavam agora aos milhares sustentavam-no em fé e em recursos, ao mesmo tempo em que absorviam toda a sua capacidade de ação. Proibido de celebrar, sua principal ocupação é orientar o estabelecimento de tanta gente, criar uma ordenação, uma regra de vida para as multidões adventícias.

Padre Cícero recebia milhares de encomendas de missas e não podendo rezá-las, transferia essa incumbência enviando verdadeiras fortunas para párocos de freguesia próxima ou distante. É impressionante a quantidade de dinheiro que passou por suas mãos a partir de 1889. Até para a Irmandade de Terra Santa, ele remetia elevadas quantias em pagamento de missas pelas almas dos falecidos, em ação de graça etc. Apesar de receber numerosos donativos em casas, fazendas, gado e dinheiro, ele não tirava proveito para si mesmo. Continuava com a vida simples e de pobreza que lhe caracterizara até então.

Enfim, após a rejeição da apelação do padre Cícero sobre as proibições de que fora vítima pelas autoridades eclesiásticas em Roma, em 1896, d. Joaquim lhe proíbe de celebrar missa em qualquer parte da diocese. No relato final do Santo Ofício sobre aquela apelação, foi determinada a ratificação das decisões já tomadas sobre os milagres, além de endossar todas as atitudes de dom Joaquim. Decretou, também, que padre Cícero se afastasse de Juazeiro sob pena de excomunhão. Ele muda-se então para a cidade de Salgueiro, no vizinho estado de Pernambuco, onde permanece por cerca de oitenta dias.

Não satisfeito com o exílio de padre Cícero no Salgueiro, dom Joaquim ainda publica uma Carta Pastoral tentando desacreditá-lo perante a opinião pública, com acusação de que extorquia dinheiro dos pobres. Eis em seguida um trecho da carta:

> ...continuou o Rev. apelante com o mesmo, senão maior afã e entusiasmo, a anarquizar as freguesias: as pessoas rudes (não se dá o fato com fiéis esclarecidos que conhecem melhor a santa religião) desprezando os salutares avisos de seus párocos, vendem os poucos haveres que têm e lá vão para Juazeiro levar o seu óbolo, na convicção falsa de que, fazendo esta romaria, nada mais é preciso para a salvação! Entregam tudo, e depois..., sem abrigo, sem os recursos dispensáveis para a vida, esmolam às portas, enfermam etc.

Padre Cícero resolve defender-se pessoalmente junto ao Santo Ofício em Roma. Faz uma triunfal viagem por terra em busca de Recife, onde tomaria o navio para Roma. Em todas as cidades por onde passa é homenageado pelas autoridades e glorificado pelo povo. Torna-se um mito: o protetor, o padrinho daquela pobre gente sertaneja. Para o povo desprotegido e injuriado, padre Cícero era também um deles e saberia compreendê-los melhor.

Apesar de levar para Roma uma grande soma em dinheiro, proveniente dos donativos dos fiéis, falta-lhe recursos para suas despesas pessoais, o que somente se resolve graças à ajuda de amigos. É o que se deduz de uma carta que escreve para sua mãe e para a irmã antes da viagem para a Roma, onde se ressente também de seu afastamento de casa.

> ...estou achando tão desconforme essa perseguição que me obriga andar como vagabundo sem eu, graças a Deus, ter cometido crimes, sem casa, sem terra, à toa, só pela maldade e

> despotismo de homens sem consciência que não sei até onde irá tamanha opressão. Já desejo apressar a minha viagem para Roma para ver em que fica isto, ainda estou tão descrente das coisas do mundo e dos homens. O juiz de Direito daqui, a quem devo muita gratidão, mandou pedir ao governador de Pernambuco, com quem tem muita amizade, uma passagem para Roma, é provável que alcance, e querendo Deus, irei. Entrego nas mãos de Nossa Senhora das Dores, que ela governe e me dirija esta viagem e todo este negócio. Orem muito a ela por mim.

Já em Roma, demora cerca de dois meses para se apresentar ao Santo Ofício, se desculpa alegando doença. É de se supor que uma das manifestações dessa alegada doença tenha sido certo emperramento de sua capacidade de iniciativa, em consequência de algum provável distúrbio psicológico, conforme o trecho da carta citada acima para sua mãe: "...estou achando tão desconforme essa perseguição que me obriga andar como vagabundo". Ao que parece, em face da imensa incapacidade de seus superiores em compreendê-lo ou mesmo ajudá-lo, principalmente, pela intransigência do bispo dom Joaquim, padre Cícero é acometido de relativa descompensação psicológica. Essa reação psíquica anômala não se tornou mais séria devido a seu afastamento da fonte das perseguições (dom Joaquim) e, também, pelo longo período que permaneceu em Roma (cerca de mais de oito meses). Naquela cidade, sentiu-se psicologicamente mais seguro: estava novamente no regaço da grande "mãe católica": a Igreja. Sentia a esperança de ser novamente aceito em seu seio. Entretanto, as dificuldades financeiras, bem como a demora em avistar-se com o Santo Padre, certamente lhe afligiam o espírito. O seguinte trecho de uma exposição de motivo, que padre Cícero fez ao Santo Ofício sobre sua vida, nos dá conta de quanto ele se sentia injustiçado e perseguido:

> ...somente a má vontade, a calúnia e o espírito de perseguição puderam impor-me penas e mais penas de suspensão de minhas ordens, desde o ano de 1892, sendo em 1896 privado igualmente de celebrar o Santo Sacrifício da missa, de aproximar-me do Santo Tribunal da Penitência e da Comunhão Sacramental, sem nenhuma consideração à salvação de minha pobre alma... e, finalmente, não sei com que meios (porque graças a Deus jamais cometi alguma falta) se obtém do Santo Ofício um decreto de exílio... exilado há mais de um ano, em obediência ao decreto e, sendo paupérrimo, fui obrigado a contrair grande débito, para não deixar morrer de fome minha velha mãe enferma e esta numerosa família e para minha subsistência... É um erro, Eminentíssimas Reverendíssimas, o haverem retirado o meu sacerdócio e coberto de tanta infâmia em meio à sociedade e à Igreja, com tais penas e opressões, tão grandes contra mim e minha família...
>
> Se me virem regressar como antes, se escandalizariam ainda mais e muitos, certamente, enfraqueceriam, por verificarem que não tem mais fé na Religião, por verificarem que no meio da mesma há tanta injustiça...
>
> Deus sabe que, a partir do dia de minha ordenação, não mais cuidei de mim, mas ocupei-me apenas dele e das almas...
>
> Sei que essa gravíssima pena de exílio foi devido a informações falsas e a má vontade daquele que o queria assim...

Este testemunho feito do próprio punho do padre Cícero nos demonstra o quanto ele se sentia ressentido e injustiçado pelo o que ele supunha serem as perseguições do clero cearense.

Ralph Della Cava assim nos relata[14]:

14 Op. cit., p. 97.

As aperturas financeiras do padre Cícero eram insignificantes em comparação com suas frustrações. A lembrança constante de suas recentes "perseguições" levou-o, por momentos, a contemplar a possibilidade de nunca mais regressar ao Brasil. Mas a grande saudade que sentia de sua família e dos amigos de tantos anos, deixados no sertão, terminou por fazê-lo desistir da ideia..

Muitos dos passos do padre Cícero em Roma não podem ser, infelizmente, reconstituídos, daí terem sido alvo, após regressar ao Brasil, de várias conjecturas por parte dos contemporâneos. Sabe-se, todavia, que a Congregação do Santo Ofício concedeu-lhe várias audiências, anteriormente a agosto de 1898, mês em que o Santo Ofício concluiu as investigações sobre o seu recurso pessoal, declarando estarem em vigor os decretos precedentes. "Com grave advertência e a proibição de falar ou escrever sobre os fatos de Juazeiro", padre Cícero e José Lobo (seu amigo) foram despachados pela Inquisição, tendo o último ao que parece, intercedido em favor do padre Cícero durante os depoimentos. Além dessa advertência, sugeriu que padre Cícero deixasse Juazeiro para sempre e reiterou a sua suspensão, imposta por dom Joaquim em 1892, de pregar, ministrar confissão e aconselhar os fiéis.

De certa forma, a decisão encerrou, momentaneamente, os registros de Roma sobre os proclamados milagres de Juazeiro e não acarretou grande mudança na situação sacerdotal do padre Cícero. Mas algumas concessões foram feitas. Primeiramente, o Santo Ofício considerou Cícero e Lobo "absolvidos de qualquer censura que tenham sofrido" à luz dos decretos anteriores. Dessa forma, não exigiu "declaração explícita e formal de culpa" a ser feita publicamente, como o bispo de Fortaleza estipulara com tanta insistência. Em segundo lugar, deu a padre Cícero permissão para rezar missa em Roma e dependendo da aprovação de dom Joaquim, também no Ceará. Por fim, retirou da jurisdição de dom Joaquim e colocou exclusivamente no âmbito da Sagrada Congregação do Santo Ofício da Inquisição Romana Universal qualquer alteração futura da posição clerical do padre Cícero.

Parece que para padre Cícero as poucas concessões conseguidas representaram uma pequena vitória. Tinha esperança que seria mais fácil conseguir sua reintegração à Igreja por meio de Roma do que por intermédio de dom Joaquim, que provavelmente jamais o faria. Além disso, Roma apenas sugeriu e não ordenou que ele saísse de Juazeiro.

Padre Cícero regressa a Juazeiro no dia 4 de dezembro de 1898, encontra a animosidade de dom Joaquim ainda bem viva. Espalhou-se o boato de que o bispo retirara do padre Cícero a relativa vitória alcançada em Roma. Nos últimos tempos da chamada questão religiosa, parece ter havido uma maior radicalização de dom Joaquim, o qual publica nova Carta Pastoral em 26 de dezembro de 1898, já após a chegada de padre Cícero. Nela, o bispo denuncia padre Cícero de "práticas heréticas" e "fanatismo", e o acusa de malversação do dinheiro arrecadado com a finalidade de promover e defender a causa de Juazeiro. Comunicava também ao povo que padre Cícero continuava suspenso de ordens e apenas podia celebrar missa fora de Juazeiro. Aumentaram bastante os ressentimentos contra dom Joaquim e seus informantes do clero na cidade do Crato. O povo sertanejo, não obstante, continuou firmemente apoiando padre Cícero. Os próximos anos trariam grandes mudanças políticas e econômicas para a região e levariam a vida do padre para um caminho mais social e político, de vez que jamais conseguiria se reabilitar totalmente perante o clero católico, em que pese todo seu esforço em contrário.

O bispo dom Joaquim José Vieira.

A beata Maria de Araújo, protagonista do "milagre do Juazeiro".

José Joaquim Teles Marrocos. Esta foto realizada à época de sua expulsão do Seminário.

Cícero e a irmã Angélica, em foto da época dos "fenômenos extraordinários" do Juazeiro.

4. SUA VIDA APÓS A SUSPENSÃO DE ORDENS

Apesar da proibição formal da Igreja Católica acerca da crença na origem sobrenatural dos "milagres", padre Cícero continuou acreditando sinceramente nisso até a sua morte. O historiador e médico Irineu Pinheiro contemporâneo do padre Cícero nos dá o seguinte esclarecimento[15]:

> Até morrer acreditou na divindade do sangue aparecido nas hóstias consagradas no ato da comunhão de Maria de Araújo. É certo que a Igreja condenou os fatos extraordinários de Juazeiro, como profanadores da Sagrada Eucaristia. Mas o padre em documento que possuo, escrito de seu próprio punho, afirmou que a condenação resultou do modo como fizeram o processo aqui no Ceará. Os juízes em Roma não poderiam julgar de outra forma. Lembrou o caso de Joana D' Arc, queimada viva, em uma fogueira como relapsa e anos depois reabilitada pela Igreja. Garantiu mesmo que subornaram testemunhas para que depusessem contrariamente aos sucessos maravilhosos de Juazeiro.
>
> Confessou-se perseguido, mas declarou perdoar a todos que talvez assim agissem convencidos de que praticavam o Bem. Desejou, enfim, que um dia ele e seus perseguidores se vissem no céu.

Após aquela proibição sobre os supostos milagres, a beata Maria de Araújo passaria a levar uma vida retraída até o seu falecimento em 1914, já na época da chamada "Sedição do

15 *Efeméride do Cariri*, p. 533.

Juazeiro" (movimento revolucionário comandado pelo médico baiano Floro Bartolomeu, que procedente de Juazeiro, acabou derrubando o governo estadual). É interessante observar que não apareceram mais vestígios ou registros dos extraordinários fenômenos paranormais que ocorriam com Maria de Araújo ou os estigmas da Paixão de Cristo, que ela também reproduzia em seus êxtases. Padre Cícero tributou-lhe significativa homenagem póstuma mandando sepultar seu corpo na capela Nossa Senhora do Perpétuo Socorro, conjunta ao Cemitério Público, onde já se enterrara também o corpo de sua mãe.

Por determinação do bispo dom Joaquim, o padre Cícero ficou proibido de rezar missa em Juazeiro e ele apenas o fazia em capelas situadas nos arredores da vizinha cidade do Crato, geralmente, acompanhado por grande multidão de fiéis. Recebia os romeiros em audiências que se prolongavam, às vezes, por todo o dia. No começo da noite, fazia ligeira prédica para a multidão apinhada defronte a sua casa e dava-lhe sua benção coletiva. Aquele enxame de gente sempre o acompanhava mesmo nas missas diárias. Não só a fama de santidade atraía aquelas multidões, como também a procura de uma orientação para os seus negócios, suas lavouras, suas desavenças domésticas ou políticas, suas desesperanças e indecisões. Tinham a mais absoluta confiança naquele a quem chamavam de "padrinho". As romarias ficaram crescentemente maiores, muitos queriam ficar residindo em Juazeiro. Padre Cícero os orientava conforme as necessidades de cada um. Alguns abriam lojas de tecidos ou miudezas; outros, armazéns para venda de cereais ou mercadorias de secos e molhados; contudo, a maioria ele os encaminhava para o trabalho agrícola. Os que tinham algum recurso compravam pequenas propriedades, mas a maior parte dos adventícios, ele conseguia lugar para trabalhar em sítios e fazendas dos amigos.

Quando regressou de Roma, padre Cícero continuou residindo em Juazeiro, apesar da expressa proibição do bispo dom Joaquim de que ele permanecesse lá.

Numa carta que ele escreveu para o bispo em 15 de novembro de 1898, lemos o seguinte trecho:

> Volto a este lugar para tratar de meus negócios, prometendo dentro de dois meses retirar-me para o Crato ou outro qualquer lugar, enquanto reclamo e espero conseguir esta faculdade que já me foi dada por esse mesmo Sagrado Tribunal.

Ele se referia ao Tribunal de Roma.

Contudo, dom Joaquim julgava que a permanência de padre Cícero no Juazeiro iria fomentar o fanatismo. Por outro lado, o padre Cícero acreditava ser o seu indeclinável dever continuar residindo no Juazeiro, tomando conta daquela miserável gente que em número crescente afluía para lá. Afinal não foi o próprio Jesus Cristo que lhe mandara tomar cuidado daquele povo, conforme se revelara em seu sonho profético já mencionado aqui. Resolveu não mais sair de Juazeiro, então o bispo manteve sua suspensão de ordens.

Atendia e aconselhava diariamente, com grande zelo apostólico, a centenas e milhares de pessoas que iam para frente de sua casa, com o objetivo de receber a benção que lhes era dada após rezarem o rosário e ouvir seus conselhos. Houve um rápido e desordenado crescimento populacional no povoado de Juazeiro. Padre Cícero encaminhava a todos para o trabalho, achava que a ociosidade era a fonte de todos os males e pecados. Tinha grande fé nas virtudes do trabalho e da oração. O povo lhe tinha grande respeito e por onde passava pediam-lhe a benção e ele abençoava sempre recomendando que rezassem o rosário da Mãe de Deus. Costumava repetir uma pregação com palavras simples mais ou menos como estas:

> Quem bebeu não beba mais, a cachaça é um poderoso enviado agente de Satanás. Quem matou não mate mais, ninguém tem direito de ofender os seus semelhantes. Só Deus tem o

> poder de tirar a vida de suas criaturas. Quem roubou não roube mais; quem rouba vai para o inferno, quem mentiu, não minta mais; a mentira é filha do diabo e o mentiroso seu encarregado.

Sob a orientação do padre Cícero, milhares de romeiros foram assentados em terras devolutas ou iam trabalhar como meeiros em latifúndios outrora improdutivos. A consequência disso é que houve um grande aumento na produção agrícola. O Cariri se tornaria conhecido como "celeiro do Ceará". Apesar de cuidar desses aspectos de ordem material, padre Cícero também procurava envolver os romeiros em atividades espirituais, associando-os a organizações religiosas principalmente as chamadas irmandades. A mais importante dessas organizações, a Legião da Cruz, conseguiu reunir em uma sessão realizada em 1897 cerca de 5.467 assinaturas de associados presentes, o que bem revela sua pujança.

Apesar da recomendação do Santo Ofício de Roma que o bispo nomeasse para Juazeiro um padre zeloso e prudente, a igreja de lá permaneceu sem capelão de 1890 a 1916, ou seja, por 26 anos, o que denota um certo descuido.

Por volta de 1908, chegaram ao Juazeiro um engenheiro de minas, belga, chamado de Conde Von de Brule, acompanhado de um ambicioso médico baiano de nome Floro Bartolomeu em busca de umas minas de cobre denominadas "Minas do Coxa", que aliás nunca se revelaram produtivas. Floro Bartolomeu exerceria grande ascendência sobre padre Cícero e usaria seu imenso prestígio para fazer carreira política. Foi o primeiro médico a residir realmente em Juazeiro. Isso foi motivo de muita satisfação para padre Cícero, era sintomático do progresso da cidade. Dizem que dr. Floro exercia sua profissão com muita solicitude, atendendo não só aos ricos, como também aos pobres. Pavimentava assim seu ingresso na política. Por aquela época, também, chega ao

Juazeiro o atribulado padre Alencar Peixoto que funda um jornal denominado “O Rebate” e dá início a luta pela emancipação de Juazeiro, que naquele tempo era um simples distrito, pertencente ao município do Crato. A luta pela independência do Juazeiro foi acirrada, principalmente porque o prefeito de então na cidade do Crato era o poderoso coronel Antônio Luiz Alves Pequeno, o qual se recusava a ceder os vultosos rendimentos que o povoado de Juazeiro proporcionava a essa prefeitura. Após anos de luta, somente em 22 de julho de 1911, a Assembleia Legislativa do Ceará por meio da Lei n° 1.028, em sessão presidida pelo deputado Belizário Cícero Alexandrino, elevou o distrito para a categoria de cidade e sede de município. O padre Cícero iria se tornar o seu primeiro prefeito. Amália Xavier[16] assim se refere a esses acontecimentos:

> Para atender aos pedidos de muitos amigos, inclusive o então presidente do estado, o comendador Antônio Nogueira Accioly, aceitou o cargo de prefeito. Justificou a sua aquiescência aos pedidos dos amigos, alegando temer que outro cidadão na direção da política local, não fosse capaz de manter o equilíbrio da ordem até então por ele mantida.
>
> Era justo seu pensamento. Alguns chefes políticos que haviam batalhado ao seu lado pela autonomia do município ficaram zangados. Dentre estes se citam o padre Peixoto que alimentava o desejo de ser o prefeito de Juazeiro. Antes mesmo de ser publicada a lei, já ele estava aborrecido e enciumado com dr. Floro, vendo que este, dada a confiança que o padre Cícero depositava nele, poderia ser escolhido para prefeito ou então para mentor a quem seria entregue a direção do município. E foi o que aconteceu. Tornou-se inimigo do dr. Floro e rompeu também com padre Cícero, de quem se fez inimigo acerbo. Retirando-se de Juazeiro, vingou-se publicando um

16 *O Padre Cícero que conheci*. 1974, p. 150-1.

> livro "Juazeiro do Padre Cícero" onde se lê em cada frase uma calúnia, uma interpretação malévola e coisas gravíssimas, tão graves que àquela época foi proibida a leitura daquele livro aos menores e às pessoas de bons sensos.

Ficou determinado que no dia 4 de outubro de 1911 seria a festa de inauguração oficial da cidade e, também, a posse de seu novo prefeito. Padre Cícero aproveitou a data para convidar os chefes políticos do sul do estado com a finalidade de formarem um pacto de amizade e apoio mútuo. Havia uma grande necessidade desse pacto devido à excessiva insegurança que reinava na região, em virtude de lutas políticas entre chefes locais e muitos crimes ficavam impunes. Segundo nos revela em seu testamento (de 1923), ele resolveu assumir o lugar de prefeito para evitar disputas entre os vários concorrentes ao cargo. Realmente, um dos maiores aspirantes ao cargo era o padre Alencar Peixoto, uma personalidade difícil e querelante, que provavelmente traria muitos problemas na gestão da prefeitura. Por esse tempo, José Marrocos, primo e amigo de infância do padre Cícero já havia falecido, abrindo-se assim o caminho para o dr. Floro implantar sua influência sobre padre Cícero. Realmente dr. Floro Bartolomeu desponta como a grande liderança política de Juazeiro, após o episódio da autonomia da cidade. Ele fez uma defesa intransigente da causa de Juazeiro e de padre Cícero. Isso iria lhe proporcionar uma meteórica carreira política. Ralph Della Cava, no seu livro já citado[17], assim se expressa sobre esse período:

> Enquanto o Cariri esteve mergulhado durante dez anos em lutas políticas, Juazeiro e o patriarca mantiveram-se afastados destas lutas. A principal preocupação do clérico não era política. Preocupava-o, sobretudo, a restauração das suas

17 Op. cit., p. 128.

ordens sacerdotais. As sucessivas petições que enviou ao núncio apostólico em Petrópolis e ao Papa, em Roma em 1900, 1902, 1905, e 1908 atestam quanto ao seu estado de espírito. Dificilmente decorria um ano sem que o padre não incentivasse as incontáveis iniciativas de amigos para reinvesti-lo nas ordens sagradas. Sócios comerciais em Fortaleza e, sobretudo, os chefes políticos do vale do Cariri não pararam de intervir em seu favor, junto às autoridades eclesiásticas. Em 1905 e 1906, os coronéis de Crato, Barbalha, Santana do Cariri e Brejo dos Santos apelaram para dom Joaquim em nome de seus respectivos governos municipais e da "alma popular caririense" no sentido da reintegração do patriarca.

E mais adiante:

... pensando bem, a neutralidade do patriarca – compreendida "lato sensu" como uma recusa em aderir a qualquer dos lados em luta e como uma disposição para conciliar os adversários – era profundamente coerente com sua esperança de reintegração clerical e sua maneira de ver o Juazeiro como uma cidade de Deus. De fato, durante esse período de incessante agitação política, o patriarca transformou o lugarejo de um "refúgio para náufragos da vida" num abrigo político para os chefes rivais do vale, independentemente de suas posições. José Lobo, que jamais negou tributo ao padre Cícero, relembrou em seu testamento político a maneira pela qual o patriarca, na primeira década do presente século, abriu as portas de Juazeiro para as famílias e fortunas dos coronéis rixosos.

Assim, padre Cícero chegou a ser uma espécie de árbitro das eternas disputas entre os coronéis do Cariri. Essa política de neutralidade teve também reflexos benéficos na prosperidade econômica. Por volta de 1910, Juazeiro já era suficientemente forte para competir com seus poderosos vizinhos, Crato e Barbalha.

Observando o imenso prestígio de padre Cícero perante o povo, as várias forças políticas se abrem para ele. Ingressa então, no Partido Republicano Conservador – seção Ceará (PRC-C), organização comandada pelo governador Nogueira Accioly, oligarca que comandou a política cearense por cerca de vinte anos, até 1912, quando foi deposto por uma revolta popular. É interessante observar que padre Cícero sempre dedicado a ajudar os pobres e desvalidos da sorte, na política se alia às forças conservadoras, retrógradas e antipopulares. Podemos atribuir isso, em grande parte, ao seu desejo de proteger Juazeiro por intermédio da aliança com o mais forte, assim como também, a influência de dr. Floro que era um indivíduo dotado de grande ambição de poder político. Em seu testamento (1923), padre Cícero afirma: "nunca desejei ser político", o que parece uma contradição com sua posse na prefeitura no final do ano de 1911. Conforme vimos, ele disse que assumiu a prefeitura para evitar conflito entre os aspirantes pela prefeitura.

Dr. Floro torna-se, então, além de corajoso defensor do padre Cícero frente à hierarquia da Igreja que o hostilizava (papel outrora exercido por José Marrocos), como também, seu mentor político e quem realmente comandava a política local até sua morte relativamente precoce, em 1926. É oportuno observar que padre Cícero nunca desistiu de lutar pela recuperação de suas ordens junto ao clero católico.

Com a morte de José Marrocos, em 14 de agosto de 1910, o chefe político da vizinha cidade do Crato, coronel Antônio Luís Alves Pequeno mandou vasculhar a residência que ele mantinha no Crato. Os auxiliares do coronel Antônio Luís encontraram importante achado: uma caixa de madeira contendo os panos ensanguentados e oriundos das comunhões da beata Maria de Araújo, ocorridos acerca de vinte anos atrás. Ao que parece, José Marrocos prestava culto secretamente as esses panos. Essa caixa havia sido furtada do tabernáculo da matriz do Crato em 1892. Apesar do bispo d. Joaquim haver ameaçado de excomunhão a quem tivesse roubado os panos, José Marrocos os conservou em segredo e, certamente, padre Cícero sabia da existência da caixa, por que mandou logo emissários apanhá-la, o que as autoridades do Crato não permitiram. Padre Cícero teve uma grande contrariedade, pois acreditava verdadeiramente na origem milagrosa daquele sangue e receava que a caixa caísse em mãos de dom Joaquim que lhe hostilizava e queria que queimassem aqueles panos.

O coronel Antônio Luís usou a caixa com os panos para forçar padre Cícero a adiar a independência do Juazeiro. Padre Cícero teve de concordar com o adiamento e recebeu a caixa com os panos dos quais não se separaria mais, entregando-os à pessoa de sua estrita confiança. Somente um pouco mais adiante na inauguração do município de Juazeiro, por ocasião da assinatura do chamado "pacto dos coronéis", o coronel Antônio Luís se reconciliaria com o padre Cícero. No ano de 1912, o então governador Accioly é apeado do poder por um levante popular. Nos anos seguintes, padre Cícero iria se tornar um dos líderes políticos mais influentes da história da região nordestina. Seu movimento, antes religioso, tornou-se, também, político. Ele temia, sobretudo, a destruição do seu Juazeiro como já havia ocorrido com a cidade de Canudos, construída pelo beato Antônio Conselheiro e seus seguidores na Bahia por tropas governamentais.

Em 1911, o marechal Hermes da Fonseca, apoiado por forças conservadoras, vence as eleições para presidência do Brasil derrotando o grande político e orador Rui Barbosa que realizou memorável campanha chamada de civilista por todo o país. A vitória do marechal Hermes aumentou a força do exército brasileiro dentro da política. Logo os oficiais militares iriam promover a deposição de várias oligarquias estaduais, apoiados em forças oposicionistas. Entre essas deposições (chamadas de "salvações" na época) estava a do governador Accioly em Fortaleza. Os militares e as forças anti-Accioly escolheram o tenente-coronel Franco Rabelo para governador do estado do Ceará. A vitória de Franco Rabelo nas eleições deveria ser confirmada pela Assembleia Legislativa pela votação da maioria de seus membros (cerca de dezesseis deputados), porém, ele só conseguiu o apoio de doze deputados o que tornou sua posse, de certo modo, ilegal. O tenente-coronel Franco Rabelo, embora promovendo reformas necessárias ao estado cearense, revelou-se um inábil político. Acabou por romper no plano federal com o senador Pinheiro Machado, homem forte que comandava a ação política do presidente Hermes da Fonseca, e no plano estadual, com o dr. Floro Bartolomeu que se tornara deputado estadual nessa altura dos acontecimentos.

Começa então a conspiração para derrubar o governador Franco Rabelo, apoiada no âmbito federal pelo senador Pinheiro Machado.

Após sua posse do governo, em julho de 1912, Franco Rabelo demite padre Cícero da prefeitura de Juazeiro sob pretexto de combater o cangaceirismo no Cariri, envia para o Crato um contingente de duzentos soldados, o que provoca um ambiente de muita tensão e suspeita em Juazeiro, com temor de uma invasão da cidade. Mandou então o governador demitir do posto de telegrafista-chefe de Juazeiro o Sr. Pelúsio Macedo, velho amigo do patriarca de Juazeiro. Foram em vão os protestos de padre Cícero que temia a violação de sua correspondência. Em janeiro de 1913, o padre Cícero convenceu-se de que o propósito do governador era tentar destruir seu amado Juazeiro. Em carta ao Sr. José Accioly, filho do oligarca ex-governador, datada de 11 de janeiro de 1913, o padre Cícero assim se refere: "continua a perseguição contra mim". Arma-se então o plano de deposição do governador estadual que contava no âmbito federal com o decisivo apoio do senador Pinheiro Machado, como se disse, o homem forte do governo. O plano foi articulado provavelmente pelo coronel Antônio Luís, que fora deposto da prefeitura do Crato por ordem do governador Franco, e por Floro Bartolomeu. O referido plano consistia resumidamente em convocar uma sessão dissidente da

Assembleia Estadual do Ceará no Juazeiro. Em seguida, eleger Floro seu presidente, contestar a constitucionalidade do governo de Franco Rabelo e aguardar a chegada de tropas federais que deporiam o governador.

Após o governador Franco Rabelo haver tomado conhecimento do plano rebelde contra seu governo através da interceptação de um mensageiro, Floro Bartolomeu antecipou o início das hostilidades em 08 de dezembro de 1913 comandando um ataque à prefeitura, expulsando o prefeito e desarmando e prendendo todo o destacamento da polícia de Juazeiro.

Conforme receava padre Cícero, no dia 20 de dezembro de 1913, cerca de seiscentos homens em armas tentam invadir Juazeiro, mas foram rechaçados. Comandava-os o coronel Alípio, o qual já na cidade do Crato telegrafou para o padre Cícero nestes termos:

> Achando-se Juazeiro invadida por cangaceiros armados a fim de contrariar as ordens legais, intimo a V. Exa fazer desarmar referidos cangaceiros no sentido de evitar derramamento de sangue de nossos patrícios, garantindo sua vida e propriedades, tudo conforme determinação expressa de S. Exa. o Sr. presidente do estado. Tem V. Exa. 12 horas para deliberar a respeito. Findo o referido prazo, romperei energicamente hostilidades.

No dia seguinte, as tropas do coronel Alípio invadiram Juazeiro, mas foram rechaçadas quinze horas depois. Eles foram surpreendidos por um enorme valado que fora cavado em torno da cidade, construído em tempo recorde e encontraram forte resistência dos defensores de Juazeiro. Tinha sido em vão o desejo do padre Cícero de evitar derramamento de sangue. Inúteis foram os apelos a Pinheiro Machado e ao Marechal Hermes em prol de uma solução pacífica; os dois homens de maior responsabilidade perante o povo brasileiro guardaram silêncio e, em consequência, tornaram o conflito inevitável. Àquela altura o padre Cícero não queria e nem podia permitir que Juazeiro fosse destruída. No testamento que escreveu dez anos após a revolução, padre Cícero relembrou que não tendo conseguido evitar a guerra (e diante dos repetidos atos de agressão a Juazeiro):

> Considerei finda a minha árdua tarefa afastando-me do campo da ação política, deixando ao mesmo tempo em que o dr. Floro agisse segundo as ordens recebidas, já que não me era possível poupar essa população laboriosa da triste condição de vítima indefesa.

Dava-se início a chamada "Sedição de Juazeiro". Auxiliados por centenas de cangaceiros, os romeiros do Juazeiro invadem vitoriosamente o Crato, e em seguida, todas as cidades no percurso de Fortaleza. Eles penetram na capital em 19 de março de 1914 (o governo federal já, então, enviara três batalhões de soldados e vários navios de guerra). Em 24 de março, Franco Rabelo embarcou para o Rio de Janeiro após ter sido deposto da função de governador. Assume o governo cearense um interventor federal, o marechal Setembrino de Carvalho.

Daquela época (1914) até o ano de 1926, quando ocorreu o falecimento do dr. Floro Bartolomeu, foi um período de grande prestígio político para o padre Cícero. Contudo, no aspecto religioso, ele não gozava das mesmas regalias. No dia 20 de outubro de 1914, o Vaticano fundou uma nova diocese na cidade do Crato, o que desgostou muito o padre Cícero que tudo fizera para que Juazeiro sediasse o novo bispado, pensando que se assim fosse, seria mais fácil sua reabilitação perante a Igreja Católica. Dom Joaquim, seu principal adversário dentro do clero, impediu a realização desse desejo de padre Cícero, bem como conseguiu a nomeação de dom Quintino, pessoa de sua confiança, para dirigir a nova diocese. Desde então, ficou sob a responsabilidade de dom Quintino o complicado caso de padre Cícero. Ele apoiava-se sobretudo na liderança política de Floro, não só no plano estadual como logo depois no federal (em 1921, Floro elegeu-se deputado federal pelo Cariri). Ao mesmo tempo em que Floro dependia da importância religiosa do patriarca, ou seja, o seu prestígio perante o povo para realizar sua carreira política, padre Cícero tinha nele sua esperança de retornar ao sacerdócio e, também, a segurança de não destruírem seu querido Juazeiro.

De 1916 até o falecimento de Floro Bartolomeu, a política da região do Cariri foi dominada por ele, secundado pelo coronel Antônio Luís do Crato e apoiados no prestígio do padre Cícero que fora eleito vice-governador do Ceará nas eleições de 1914. Os coronéis da região rendiam homenagens ao padre Cícero de quem conseguiam mão de obra barata, favores políticos e seu endosso para obterem subsídios governamentais para obras públicas. Contudo, com a morte de Floro Bartolomeu, em 1926, começou o declínio político de padre Cícero.

Padre Cícero se manteria à frente da prefeitura de Juazeiro até 1927, porém, quem realmente detinha o poder era Floro Bartolomeu. Em 1924, ao completar 80 anos, padre Cícero tornou-se presa frequente de enfermidades que lhe obrigaram a um relativo afastamento político e social.

Atualmente, podemos dizer que a participação política de padre Cícero foi antes circunstancial do que vocacional. Não o movia o desejo do poder político. A partir da sua suspensão de ordens eclesiásticas em 1896, nada mobilizou mais o patriarca do que o desejo de recuperá-las. Constituiu-se, realmente, uma ideia fixa para ele. Em 1914, com a criação da Diocese do Crato, foi nomeado para bispo um dos discípulos prediletos de d. Joaquim, monsenhor Quintino, que lhe havia ajudado bastante na chamada "questão religiosa", enviando-lhe relatórios secretos. Padre Cícero estava no auge de seu prestígio político, resolveu fazer tudo que lhe fosse possível para conseguir a implantação em Juazeiro do novo bispado, porém, seus esforços foram em vão. Para exemplificar isso, transcrevemos o seguinte telegrama que enviou para o dr. Nogueira Acioli, ex-governador que se encontrava no Rio:

> Com Floro, Sá, mais amigos peço irem em comissão ao Núncio. Apresentem em meu nome transferência sede bispado Cariri para aqui Juazeiro, mostrando direito meu, por ter sido empreendedor desde Roma 1898 continuando esforços auxiliado dr. Leandro Bezerra perante núncios apostólicos monsenhores Touti, Bavaria ficando aceito pela Santa Sé e combinação sr. bispo d. Joaquim. Reunião bispos norte em Pernambuco foi aceito proposta, juntamente outros bispados. Faça ver direito sede aqui onde ofereço suas propriedades valor suficiente patrimônio, casa própria para palácio, terreno seminário facilidade construção, cidade maior população. Floro diga como bem conhece se esforçando Núncio obter Santa Sé. Sinceras saudações. Padre Cícero.

Ralph Dela Cava assim se expressa[18]:

> Todas as vezes que o clérico tentava comprovar a sua ortodoxia e provar que não era um fanatizador, o seu esforço, como que por ironia da sorte, despertava suspeitas. Em contrapartida, a persistência da recusa convenceu-o da existência de uma "perseguição" inspirada pela hierarquia e dirigida contra ele e contra Juazeiro.
>
> Em 1916, a tensão contínua entre Juazeiro e a Igreja cessou de súbito. Em dezembro, dom Quintino, primeiro bispo da

18 Op. cit., p. 233.

> recém-criada diocese do Crato, e outrora vigário, pôs fim as hostilidades. Na sua primeira visita pastoral a Juazeiro, por ocasião do Natal, outorgou ao patriarca o privilégio (que havia sido rescindido em 1899) de celebrar a missa, embora continuassem suspensas as ordens de confessar e pregar. Um mês depois, dom Quintino elevou a Capela de Nossa Senhora das Dores (até então sob a jurisdição eclesiástica de Crato) à condição plena de paróquia no âmbito da nova diocese. Juazeiro ficou duplamente feliz, pelo menos naquele momento. Mas sua alegria durou pouco, pois continuou acesa a guerra entre a dissidência e a ortodoxia e, em 1921 o patriarca foi suspenso mais uma vez.

A suposta participação de padre Cícero na "Sedição de Juazeiro" criou-lhe novos inimigos dentro do clero. Padre Cícero em seu testamento declara textualmente que não teve responsabilidade por aquele movimento sedicioso. Contudo, muitas pessoas, inclusive dentro do Clero, acreditavam justamente o contrário, ou seja, que padre Cícero era o responsável por aquela revolução.

A participação involuntária de padre Cícero naquele movimento revolucionário prejudicou bastante sua imagem perante o clero católico. Aquele movimento armado foi idealizado e executado por dr. Floro Bartolomeu, cel. Antônio Luís e outros líderes acciolystas no plano estadual e, no plano federal, pelo senador Pinheiro Machado que almejava ser o próximo Presidente da República, no entanto, acabou por ter sua responsabilidade sido atribuída erradamente ao padre Cícero por vários de seus adversários. Essa hostilidade contra o patriarca acabou por se materializar na forma de uma ordem de excomunhão proveniente de Roma e que fora assinada no dia 21 de junho de 1916. Ao que parece, d. Quintino temendo uma reação popular não implementou a ordem e a engavetou.

Segundo um censo mandado proceder em 1925 pelo bispado do Crato, a paróquia de Juazeiro tornara-se a mais populosa da diocese, e isso, sem falar nas constantes romarias que chegavam lá. Eram, provavelmente, vultosas as quantias enviadas de Juazeiro para sede no Crato, e oriundas das contribuições dos romeiros para paróquia de Juazeiro, além das "intenções de missas" e seus respectivos estipêndios mandadas rezar por eles. D. Quintino não tinha interesse em abrir cisão com Juazeiro. Em 1921, d. Quintino fundou no Crato o Banco do Cariri e obrigou todas as paroquiais da diocese a utilizarem-no como depositário de seus bens e coletas. Apesar de tudo, a tensão continuava entre Juazeiro e a Igreja. Roma parecia pressionar d. Quintino para exigir que Padre Cícero se retirasse do Juazeiro sob pena de excomungá-lo. O bispo resolve em 1921 suspender totalmente as ordens eclesiásticas do padre Cícero que ele próprio havia restituído parcialmente em 1916, por ocasião de sua primeira missão religiosa em Juazeiro, após assumir o governo do bispado. Para aquela restituição parcial de ordens, d. Quintino exigiu do patriarca várias garantias por escrito, entre elas as seguintes:

1. Aceitação incondicional dos decretos de Roma de 1894, 1897 e 1898.
2. Negar qualquer participação pessoal do patriarca na chamada "Sedição de Juazeiro".
3. Negar qualquer intenção de promover outro movimento político armado.
4. Padre Cícero deveria se comprometer a não interferir na administração e outras atividades da nova diocese do Crato.

Posteriormente, d. Quintino expôs padre Cícero a humilhação de negar em público, isto é, do alto de um púlpito a veracidade dos fenômenos acontecidos com Maria de Araújo, acerca já de 26 anos atrás e nos quais o patriarca acreditava verdadeiramente. D. Quintino exigiu também que padre Cícero não recebesse romeiros em sua residência, não lhes desse a benção, não batizasse crianças mesmo em perigo de morte, que se retirasse de Juazeiro. O patriarca reclamou de algumas dessas medidas e o resultado foi que de 1916 a 1921 houve um recrudescimento do conflito religioso entre o padre Cícero e o clero católico, até que d. Quintino o suspendeu totalmente de ordens em 1921. Ralph Della Cava[19] assim se expressa sobre essa fase:

> De acordo com d. Quintino, a ordem de Roma alcançou-o em dezembro de 1916, um mês antes do primeiro aniversário do seu bispado do Crato. Ela chegou, dizia Quintino, no meio de uma santa missão, que estava naquele momento sendo pregada em Juazeiro por ordem sua e seguindo uma das exigências do decreto romano de 1898 que jamais fora plenamente executado por d. Joaquim seu predecessor. Há ainda o fato de que, segundo o bispo informaria Roma, mais tarde, a ordem de excomunhão chegou somente depois de ele mesmo ter reinvestido padre Cícero do privilégio canônico de celebrar missa. Considerando-se que Roma concedera ao bispo o poder discricionário de implementar e divulgar a ordem (se refere à ordem de excomunhão), d. Quintino também alegou que ele julgara mais conveniente não executar a ordem naquele momento.
>
> A versão do bispo, entretanto, é parcialmente suspeita. A ausência da ordem de excomunhão em seus arquivos e tom vago e deliberado da referência que faz em correspondência posterior a data de chegada da ordem, leva-nos a crer que Quintino deve ter estado todo o tempo ciente das intenções de Roma. Já em novembro de 1915, correspondeu-se de fato, com o núncio apostólico em Petrópolis sobre a situação do patriarca. Além disso, os rumores de uma possível excomunhão não poderiam ter sido desconhecidos de Quintino. Apesar de não dispormos de provas documentais completas, parece plausível dizer que o bispo decidiu reintegrar o patriarca antes que o decreto

19 Op. cit., p. 235.

> pudesse chegar-lhe às mãos. Dessa forma, seria mais fácil ignorar o decreto e, daí, contrabalançar a animosidade crescente que existia em Juazeiro contra a Igreja e a nova Sé. Pela mesma razão, Quintino jamais tornou pública a ordem de excomunhão, somente a revelando ao padre Cícero em 1920. Ao rever os fatos, tudo indica que a reação maleável de d. Quintino ao decreto de Roma e a execução de suas diretrizes pessoais foram evidentemente pragmáticas. Tivesse ele permitido que Roma pressionasse pela excomunhão do padre Cícero, ter-se-ia reaberto a querela sem tréguas entre ortodoxos e dissidentes. Caso isso ocorresse, a recente diocese do Crato teria sido esfacelada, na medida em que sua maior paróquia, Juazeiro, retornasse aos tempos passados de rebelião religiosa.

É fácil supor o grande trauma psicológico que sofreu padre Cícero ao tomar conhecimento desse decreto de excomunhão. Dedicara toda sua vida à Igreja Católica, e acreditava verdadeiramente que somente em seu seio haveria salvação espiritual. E isso foi acontecer já no ocaso de sua vida, aos seus 76 anos de idade!

Dr. Floro Bartolomeu, de quem padre Cícero sentia acentuada dependência emocional, o defendia perante o clero, na sua eterna luta pela recuperação de suas ordens e, também, no plano federal de qualquer eventual intento de ameaçar o Juazeiro. Àquele deputado a cidade ficaria devendo vários melhoramentos como calçamento, arborização, e principalmente, a diminuição do banditismo e fanatismo, pelos quais após a revolução a cidade ficou assolada. Cometeu muitos excessos e fez muitos inimigos o deputado. Um dos episódios mais tristes da sua história foram os chamados "fuzilamentos da rodagem" nos quais dezenas de pessoas criminosas foram mortas na estrada de rodagem que levava ao

Crato, sem nenhum julgamento e por sua estrita ordem. Ele queria com esses crimes limpar a fama de Juazeiro daquela época, de terra de fanáticos, jagunços e cangaceiros perante a opinião pública. Nos últimos anos de sua vida, tornou-se muito irascível e violento, em parte, como consequência de sofrimentos físicos provocados por insidiosa doença. Faleceu precocemente, ainda solteirão, em março de 1926. Com o seu falecimento, houve um relativo desprestígio político do padre Cícero e de seu Juazeiro. Com a vitória da revolução 1930, chefiada por Getúlio Vargas no plano federal, que, entre outras coisas, se propunha ao combate das oligarquias estaduais, o poder político de padre Cícero se reduziu ainda mais. Doente e quase cego, ele se vê obrigado a restringir suas atividades: orava muito, recebia amigos e dava sua benção diária aos romeiros. Tornou-se menos angustiado e, ao que parece, mais realizado com seus êxitos apostólicos de grande alcance social.

Dedicava-se o patriarca a ajudar seu povo de todas as maneiras possíveis, até que morreu aos 90 anos de idade já completados, no dia 20 de julho de 1934, cercado do carinho de sua gente. Já quase agonizante e atendendo ao pedido de uma pessoa presente para que abençoasse seu povo, levantou-se de lado e com grande esforço traçou três cruzes com o braço, dizendo essas palavras: "No céu pedirei a Deus por vocês todos". Seu falecimento provocou uma consternação geral. Calcula-se que aproximadamente mais de sessenta mil pessoas assistiram ao seu sepultamento realizado na capela de Nossa Senhora do Perpétuo Socorro, onde enterraram também sua mãe e a beata Maria de Araújo. Com sua morte, a formação do seu mito na mente dos nordestinos se consolidou definitivamente.

Em seu testamento, pede aos seus romeiros de todos os lugares que continuem frequentando Juazeiro. Eles o têm atendido. As romarias ao Juazeiro são cada vez maiores, a cidade tem experimentado um franco progresso. Até a atitude do clero católico em relação a Juazeiro e seus romeiros mudou consideravelmente. Hoje em dia, existe muito mais tolerância para com eles. Recentemente o Vaticano determinou a revisão do processo que o suspendeu de suas ordens sacerdotais e foi criada uma Comissão de Estudo para a Reabilitação Histórico-Eclesial de padre Cícero, o que levará, talvez, a sua reintegração nessa organização religiosa.

Dr. Floro Bartolomeu da Costa, Deputado Federal pelo Ceará.

Eis o retrato mais difundido do Padre Cícero o qual assinala a sua nomeação de prefeito de Juazeiro.

Depois que o bispo o proibiu de pregar na igreja, Cícero passou a falar aos devotos da própria janela da casa em Juazeiro.

Grupo de jagunços à beira do valado, destacando-se Floro Bartolomeu, o terceiro dos que estão na crista do parapeito, a contar da esquerda.

Floro Bartolomeu e padre Cícero.

A máquina de escrever que pertenceu a Cícero.

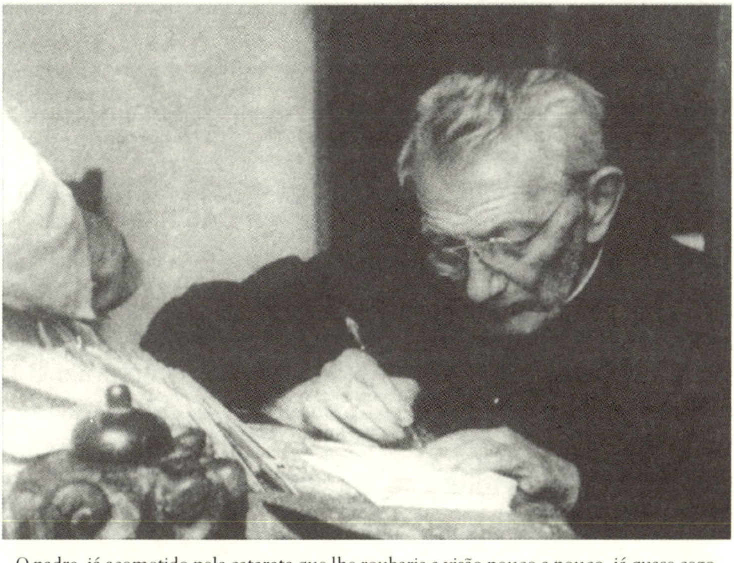

O padre, já acometido pela catarata que lhe roubaria a visão pouco a pouco, já quase cego, assina documentos ditados aos secretários.

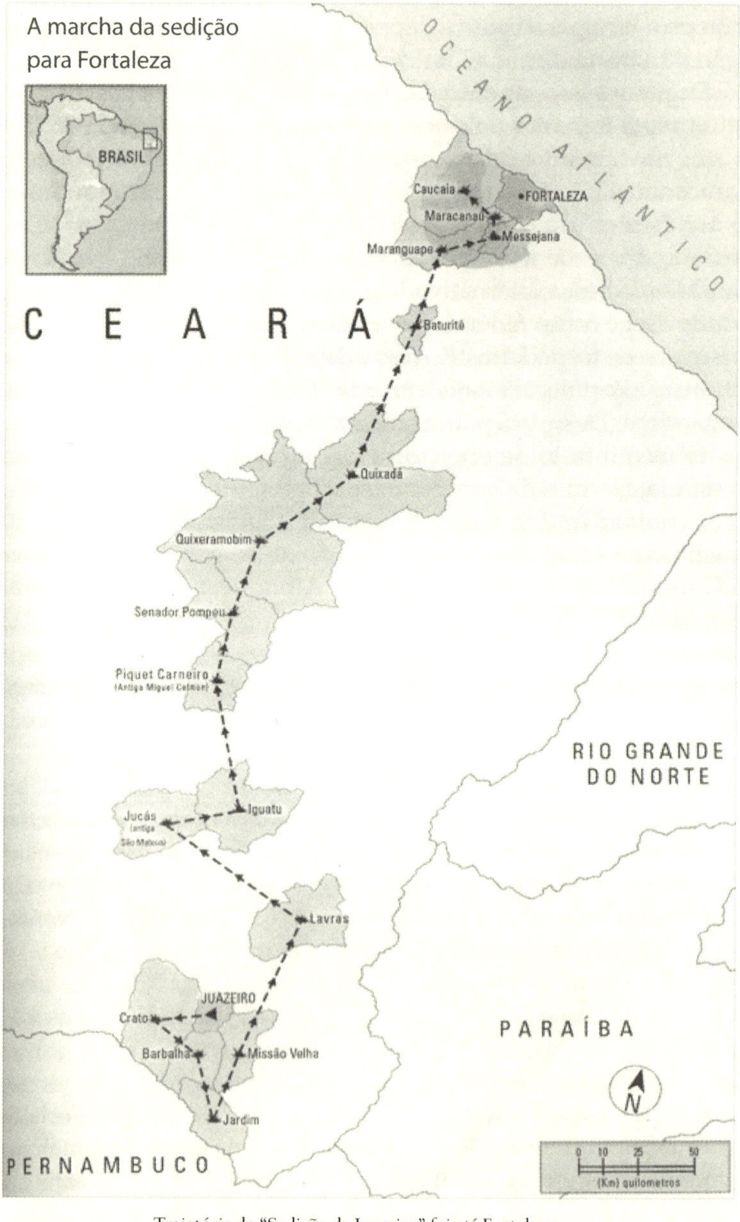

Trajetória da "Sedição de Juazeiro" foi até Fortaleza.

O bispo do Crato, dom Quintino (sentado ao centro), com um grupo de religiosos da diocese. Cícero está ao lado dele.

Estudo Psicobiográfico

CAPÍTULO 2

1. TERMOS E CONCEITOS PSICANALÍTICOS

Consideramos importante o esclarecimento de alguns termos e conceitos psicanalíticos necessários para uma correta compreensão de uma Psicobiografia, principalmente, para os leitores pouco versados em Psicanálise.

O ser humano possui desde seu nascimento uma força em sua vida psíquica, proveniente de uma energia que se chama libido, que é originária de suas pulsões ou impulsos sexuais. Essa libido é gerada continuamente pelo organismo e se armazena em variados setores da personalidade. Ela tem como característica geral uma tendência a manter a coesão de tudo aquilo que vive. Essa força afetiva pode também ser derivada (sublimada) para manifestações superiores do espírito humano como atividades artísticas, científicas e religiosas.

Inicialmente, a libido se acumula no amor por si mesmo – é o chamado narcisismo. É claramente percebida no bebê: ele só se interessa por ele mesmo, isto é, seus atos, produtos de seu próprio corpo como as fezes, e outros. Encontra nele mesmo suas fontes de prazer: o dedo que chupa, o seio que lhe amamenta e que, para ele, parece pertencer a si próprio (relação self-objeto para Kohut).

A partir dessa fonte narcísica de energia a criança emite cargas afetivas (libido) principalmente para as pessoas que lhe cuidam, amamentam, particularmente a mãe ou uma substituta dela. É a chamada libido objetal, onde o objeto em Psicanálise é a pessoa da mãe ou outra qualquer. O afeto por si mesmo passa a ser dividido também pelo afeto a outra pessoa. O narcisismo torna-se o primeiro reservatório da libido e se manterá assim pelo resto da vida, contudo, normalmente no decorrer da existência uma parte dessa libido é dirigida para objetos externos (pessoas). Nas diversas pessoas, a proporção entre o amor narcísico (libido dirigida a si mesmo) e o amor objetal (libido dirigida aos outros) é muito variável, ou seja, o maior investimento da libido pode estar nos objetos ou em si próprio. Os primeiros objetos do amor de uma criança são sua mãe, seu pai, ou seus substitutos.

Essa libido investida nos objetos, se necessário, poderá ser ou não recolhida para o eu.

À medida que a criança se desenvolve, a libido irá se organizando em fases, onde se concentrará mais em determinados órgãos ou zonas erógenas. Na fase oral, prepondera a boca; na fase anal-sádica a zona preponderante é o ânus; na fase fálica é a uretra e na fase genital são os órgãos genitais que preponderam.

A fase oral é a primeira da evolução libidinal e vai aproximadamente até os dois anos de idade. Nela o prazer sexual está preferencialmente ligado à excitação da cavidade bucal e dos lábios que acompanham a alimentação. A criança sente intenso prazer em sugar o seio da mãe e absorver o leite materno. É a fase caracterizada pela incorporação do leite da mãe e dos afetos. As pessoas com acentuados traços orais (pela constituição ou por traumas durante a fase) tendem a ser dependentes emocionais e com uma compulsiva amabilidade na vida adulta. Têm, também, a tendência a absorverem de forma compulsiva substitutos do leite materno: bebida, cigarro, alimentos e similares.

A segunda fase da evolução da libido é a fase anal-sádica que vai aproximadamente dos dois aos quatro anos. O prazer advém, preponderantemente, da excitação da mucosa anal (retenção ou expulsão de fezes), do controle muscular da defecação e do desenvolvimento da musculatura em geral. É a fase em que se constitui também a polaridade atividade-passividade. Freud faz coincidir a atividade com o sadismo, cuja fonte de prazer reside na atividade muscular e a passividade tem sua satisfação relacionada ao prazer anal, cuja fonte é a mucosa anal. Ele, também, considerou como características dessa fase pessoas que manifestam na vida adulta acentuados traços de personalidade constituídos pela tríade: ordem, parcimônia e teimosia. Padre Cícero demonstrava nitidamente essas características de personalidade.

A terceira fase da evolução libidinal é chamada fase fálica em que as excitações sexuais irão se concentrar mais na mucosa da uretra do aparelho urinário. Ela ocorre dos quatro para os cinco anos de idade e se caracteriza por um maior interesse da criança pelos seus órgãos genitais e pela sua atividade masturbatória. Essa fase coincide com o término do complexo de Édipo, quando o menino levado por seus temores de ser castrado em consequência de seus desejos amorosos pela mãe ou de suas fantasias agressivas em relação ao pai, renuncia a esses desejos proibidos, forçado pela sua consciência em formação (supereu). Na menina, ocorrem fantasias de haverem sido castradas pela mãe (rival na sua fantasia) e inveja dos meninos por não possuir um pênis. Essa fase é caracterizada emocionalmente por acentuados sentimentos de vergonha frequentemente compensada pela formação de fortes sentimentos de ambição.

Essas três fases descritas são conhecidas como fases pré-genitais em oposição à fase genital propriamente dita, que irá ocorrer com o advento da puberdade. O período que vai dos cinco anos (final do complexo de Édipo) até a chegada da puberdade é a chamada fase de latência em que essas pulsões referidas sofrem um forte apaziguamento. Com o início da puberdade, aquelas pulsões são reativadas, porém, agora sob a primazia do prazer genital e permanecem normalmente como prazeres preliminares da satisfação no adulto. As ansiedades do período edipiano são também reativadas, ocorrendo conflitos entre os desejos instintivos, principalmente masturbatórios, e as exigências morais de consciência. Somente quando o indivíduo alcança uma capacidade de orgasmo completa com a sexualidade integrada na personalidade, a atividade sexual deixará de produzir sentimentos de culpa e temores infantis. Do ponto de vista emocional, acontece na fase genital uma maior capacidade de amor e consideração pelo objeto desejado.

Essas fases pelos quais a libido evolui se interpenetram e, também, podem ocorrer fixações em determinadas fases, quando ocorrem traumas, como por exemplo, uma criança que é insuficientemente amada ou cuidada na fase oral poderá tomar-se um adulto muito carente de afeto.

Os desejos de amor da criança podem assumir uma forma passiva ou ativa (diz-se em Psicanálise feminina ou masculina). No começo da vida, os desejos da criança assumem forma passiva: a criança deseja ser alimentada, acariciada e cuidada pelos pais, como também, guiada por suas ordens e por eles castigada. Posteriormente, a criança vai reagindo a essa situação, se tornando mais ativa. Ela deseja retribuir o que recebeu, acariciar os pais, mandar neles e, também, vingar-se deles.

A criança naquela fase oral de grande dependência tende a sobre-estimar os pais, idealizando-os como perfeitos e onipotentes segundo a Psicanálise. Ocorre que as necessidades de satisfação da criança são facilmente frustradas, inadvertidamente, pela mãe, por exemplo, um atraso na amamentação, uma demora em atender a um choro. O que ocorre? A criança então, introjeta (incorpora) para dentro de si aquele objeto grandioso e passa, daí por diante, a amar esta parte de si mesmo, chamada de ideal do eu e que fora absorvida das imagens onipotentes dos pais. Para Freud o ideal do eu tenta recapturar, de certa forma, aquela perfeição narcísica que havia nos primeiros tempos na relação da criança com sua mãe. Se a criança sofrer traumas intensos ou repetidos, poderá desenvolver um ideal do eu patológico ou despótico que irá exigir excessivamente do eu realizações que ele não tem condições de cumprir. Esse ideal do eu será uma estância que irá sempre cobrar do eu a realização de seus ideais, sejam factíveis ou não. O ideal do eu pode tornar-se tirânico ao exigir, como já dissemos, do Eu realizações que ele não tem condições de conseguir, afastando o indivíduo cada vez mais da realidade e levando-o a feitos grandiosos somente na sua imaginação. O ideal do eu pode, no entanto, manter-se nos limites da normalidade e exigir do eu realizações somente dentro da realidade e no âmbito de suas possibilidades. Pode ocorrer também do ideal do eu não cobrar quase nada do eu, tornando o indivíduo um adulto comum, sem ideais e de escassas realizações. Entre os extremos ocorrem os mais variados tipos de relação entre o ideal do eu e o eu. Evidente que o tipo mais frequente é o do adulto comum, quase sem um ideal do eu que seja discernível.

O ideal do eu irá fazer parte de uma estância maior que se confunde com a habitualmente chamada consciência e que Freud denominou de supereu. Este teria, também, funções mais proibitivas e restritivas, assim como controlaria o eu para que ele realizasse o ideal do eu. Entretanto, eles teriam origens distintas: o ideal do eu se origina do narcisismo infantil e o supereu da introjeção ou absorção de imagens proibidoras dos pais, professores, autoridades em geral. A formação do supereu pode se completar em torno dos 4 a 5 anos de idade por ocasião da conclusão do denominado complexo de Édipo, quando o garoto introjeta, ou seja, inconscientemente incorpora a imagem proibidora do pai e se identifica com ele, passando, como que a ter o seu pai dentro de sua consciência. Essa imagem paterna internalizada se tornará o seu supereu.

O ideal do eu se integraria no supereu assim como subestrutura, fazendo parte dele. Esse ideal do eu está pleno de energia narcísica e é de grande importância para um estudo psicobiográfico. Ele não é difícil de se reconhecer na maior parte das grandes personalidades históricas, porque, na maioria das vezes, são indivíduos que formaram um vigoroso ideal do eu. Hartmann e Lowestein embora considerem que o ideal do eu e o supereu têm origens distintas, conforme já vimos, acham muito difícil distingui-los um do outro na vida adulta. Contudo, para o nosso trabalho psicobiográfico, de um ponto de vista didático, consideramos melhor fazer uma relativa separação entre eles: o supereu seria uma estância mais coercitiva, proibidora e restritiva em relação ao eu, enquanto o ideal do eu seria uma parte da mente que tenderia para uma maior expansão do eu e abrigaria ideais e aspirações na vida. Como já referimos, o supereu cobraria do eu também a realização de seus ideais, ou seja, efetivar seu ideal do eu.

Por volta dos três para quatro anos vai se acentuando na criança um forte conflito entre tendências opostas. É o que Freud denominou de complexo de Édipo. Para entendê-lo melhor, talvez fosse necessário ressaltar que o ser humano, segundo a teoria freudiana, possui dois conjuntos de tendências instintivas ou pulsões básicas: de um lado as pulsões sexuais e amorosas chamadas de instintos da Vida ou Eros e, de outro lado, as tendências agressivas ou destrutivas chamadas de instintos da morte ou Tânatos. Essas tendências opostas estão sempre vinculadas, em proporções variáveis, em qualquer atitude ou relação humana. Por conseguinte, todo investimento libidinal ou afetivo traz embutido um tanto variável de hostilidade. Exporemos apenas o complexo de Édipo na sua forma mais simples numa criança do sexo masculino, que é o que interessa em nosso estudo sobre padre Cícero.

Quando o menino chega à época do complexo de Édipo seus desejos ativos de conquistar a mãe, tê-la só para si e afastar o pai de seu caminho, entram em choque com seus desejos passivos de submeter-se ao pai e ser amado por ele. Na maioria das vezes, o garoto por medo do pai, afasta da mãe a maior parte de seus desejos libidinosos e resolve seu conflito com o pai, identificando-se com ele. Desse modo, satisfaz seus desejos ternos expressando seu amor e admiração pela absorção do pai dentro de si, como também seus desejos hostis, pela eliminação do pai da realidade, efetivando sua incorporação dentro de sua consciência. O temor que ele tinha ao pai da realidade diminui e transfere-se, como que para a imagem (imago em Psicanálise) do pai na sua consciência (supereu). Ou seja, como resultado dessa incorporação do poderoso pai, forma-se uma força interna que irá controlar o eu (supereu).

Após a fase edipiana, teremos então a mente do indivíduo dividida em três estâncias principais: o eu, o supereu e o chamado id ou isso que é a parte instintiva e inconsciente do ser humano – é a sede dos desejos amorosos, sexuais, agressivos, destrutivos etc.

O eu seria a nossa parte consciente, em contato com o mundo externo. O eu torna-se então oprimido por esses três conjuntos de fatores: pelas ordens moralizantes do supereu de um lado e, de outro lado, pelos desejos veementes libidinosos e agressivos do id ou isso. Ele terá de conciliar esses dois conjuntos de forças com as demandas e exigências do mundo externo. Dessa conciliação que o eu conseguir entre seus desejos internos, as ordens superiores do supereu e a necessidade de adaptação à realidade, irá depender o equilíbrio emocional do indivíduo adulto. O eu empregará então para conseguir a almejada conciliação os chamados mecanismos de defesa.

Examinaremos a seguir apenas os principais e mais importantes desses mecanismos para o nosso ensaio psicobiográfico:

1º O recalcamento é o mecanismo que o eu emprega para se livrar de desejos, pensamentos e recordações ligados às pulsões e proibidos pelo supereu ou pelo ambiente externo, relegando-os ao inconsciente e esquecendo-se deles. Contudo, o desejo ou impulso recalcado continuará pressionando o eu para se tomar consciente e obter satisfação. O recalcamento pode ter como resultado que o desejo que não foi descarregado no objeto original, irá encontrar uma saída num objeto diferente. Exemplificando: um menino que recalcou totalmente seus desejos hostis em relação ao pai, poderá descarregá-los posteriormente em alguém que de algum modo tenha semelhança com ele, ou seja, seu superior hierárquico ou que tenha autoridade direta sobre ele. Veremos isso ocorrer com o padre Cícero em relação a alguns de seus superiores.

O eu, frequentemente, com a finalidade de manter o desejo pulsional recalcado, emprega o mecanismo denominado de formação reativa que consiste em reforçar o impulso oposto daquele que se mantém inconsciente. Por exemplo, um desejo hostil em relação a um progenitor será compensado por uma atitude de extrema delicadeza, de tal maneira que o eu não percebe que odeia aquele pai ou aquela mãe. Posteriormente, essa mesma atitude de delicadeza será transferida para outras pessoas da convivência do indivíduo. Esse mecanismo de formação reativa contra os impulsos recalcados será muito importante na formação da personalidade, principalmente, nas obsessivas-perfeccionistas com acentuados traços de fixação na chamada fase anal-sádica do desenvolvimento da libido, como aconteceu com padre Cícero, conforme veremos adiante.

2° O mecanismo de identificação é um processo psicológico pelo qual o indivíduo assimila aspectos, atributos ou traços do outro e se transforma, total ou parcialmente, conforme o modelo desse outro.

De acordo com o que já dissemos, da identificação com os pais nasce o supereu e daí por diante muitas identificações ocorrerão no decorrer da vida. A personalidade forma-se e diferencia-se por uma série de identificações. É um mecanismo de defesa do eu muito útil e frequentemente exercitado. Por exemplo, se o cachorrinho de um garoto se perde, ele procurará se identificar com o cachorro perdido andando de quatro, latindo, para se compensar da perda do animal querido. Um menino que o pai coloca nos ombros para "andar de cavalo"; na ausência dele pode colocar um boneco nos ombros, identificando-se inconscientemente com o pai e brincando com o boneco como se fosse ele.

Em alguns casos, um indivíduo cujos desejos passivos de amor ao pai não foram convenientemente descarregados, acabará por fazê-lo por meio de uma identificação inconsciente com Jesus Cristo, tornando-se, portanto, também o Filho de Deus e satisfazendo esses desejos na relação afetiva com Deus (Pai). Essa identificação inconsciente com Cristo é relativamente comum em pessoas religiosas. O padre Cícero irá manifestar uma intensa identificação com Jesus Cristo.

3° A sublimação é o método empregado pelo eu para resolver seus conflitos com impulsos ou desejos proibidos pelo supereu ou pela sociedade através da substituição do objeto proibido por outro que seja aprovado. O eu transfere a libido de um objeto para outro. É o caso, por exemplo, do garoto que transfere uma porção de libido da mãe para irmãs, depois para as primas e as amigas das irmãs e, posteriormente, para as mulheres por quem se torna apaixonado, até encontrar sua companheira.

Freud introduziu o conceito de sublimação para explicar, principalmente, as atividades artísticas, científicas e culturais em geral, como se fossem derivados da sexualidade infantil. Seria como se o desejo libidinoso fosse recolhido ao eu, dessexualizado e derivado para função criativa. A capacidade de sublimação torna-se também relacionada com a dimensão narcísica do eu, notadamente de seu ideal do eu.

Os seres humanos utilizam muitas sublimações para descarregar sua libido na forma de literatura, ciências e arte em geral. Na verdade, as realizações mais elevadas do ser humano se devem a sua capacidade de sublimação, foi graças a ela que a humanidade evoluiu e manteve-se mais ou menos unida. Por exemplo, os desejos passivos do garoto em relação ao pai, podem se transformar em amor ao próximo e em desejos de servi-lo, facilitando assim a convivência.

Na sublimação, as pulsões e desejos são atendidos pelo eu, embora de modo indireto, sem sofrerem repressão ou recalcamento. É, portanto, um mecanismo que favorece o fortalecimento do eu, sem causar anomalias. Como analisaremos, o padre Cícero possuía uma grande capacidade de sublimação de sua sexualidade. A força de suas pulsões instintivas foi muito canalizada para vida espiritual.

4° A idealização é um mecanismo em que o eu engrandece e exalta outro. Ocorre, por exemplo, na situação de se estar amando, quando então o eu transfere para o objeto muito da própria libido narcisista: para a pessoa apaixonada o outro parece sem defeitos.

Conforme já vimos na formação do ideal do eu, a criança idealiza os pais e posteriormente introjeta-os para dentro de si. Continuará amando e idealizando essa parte de si mesma chamada de ideal do eu, ou seja, o eu fixou para si um ideal pelo qual procura medir seu eu da realidade. A formação desse ideal do eu irá provocar a repressão para o inconsciente de impressões, experiências, impulsos e desejos que não se coadunam com a imagem dele. Por conseguinte, a energia narcisista passa a ser deslocada para aquela imagem do ideal do eu. No caso do padre Cícero, essa imagem idealizada de si mesmo iria absorver muitas aspirações de santidade.

5° Projeção: é o mecanismo pelo qual o eu projeta para fora de si emoções, excitações e sentimentos censuráveis, que ele desconhece nele mesmo ou se recusa a reconhecer e os projeta em outra pessoa. Ou seja, o outro é quem tem as más intenções e não o sujeito. Na paranoia persecutória é onde a projeção alcança sua maior intensidade, porém, ela pode ocorrer normalmente como nas superstições. Na paranoia, aparece a transformação do amor inconsciente pelo outro em ódio consciente, sendo essa hostilidade então projetada: "o fulano me odeia". Isto é, o indivíduo então projeta esse sentimento hostil para a outra pessoa e se convence de que o outro é quem lhe odeia, quando, na realidade, é ele quem está odiando.

Em uma época especialmente difícil para o padre Cícero, houve um reforço do mecanismo de projeção quando se sentiu, em grande parte, vítima de incompreensão, rejeição e até um tanto perseguido pelo bispo d. Joaquim.

O interesse renovado pelo narcisismo e seu desenvolvimento no ser humano faz parte das mais importantes escolas psicanalíticas da atualidade, principalmente nos seus aspectos patológicos. Contudo, é interessante assinalar que Freud (1914) já admitia também um narcisismo normal, ligado à preservação do ser humano e de sua autoestima.

É relevante afirmar a importância dos mecanismos de defesa do eu chamados de idealização, recalcamento, formação reativa e identificação para a Psicobiografia. O conhecimento dessas defesas psicológicas nos permite uma melhor compreensão da personalidade histórica.

Os autores da chamada Escola de Psicologia do Ego (referidos na introdução) criaram o termo "self" para se referirem à imagem ou representação que se tem de si mesmo. Teríamos uma imagem idealizada de si mesmo (self i deal equivalente do ideal do eu) e uma imagem real de si mesmo (self real). O self ideal receberia uma carga energética (interesse) muito maior do menino em formação H. Kohut foi o grande propulsor dessa corrente moderna em Psicanálise que ficou conhecida por Psicologia do Self. Kohut desenvolveu, também, o conceito de self (si mesmo) nuclear para designar uma estrutura que se forma quando as ambições e ideais de um indivíduo são, de certa forma, condensados. Uma vez assentado o self nuclear, ele se esforça por realizar-se. Aquelas ambições e ideais são descendentes diretos dos sentimentos de grandiosidade e exibicionismo da criança que se empenha para realizar-se através das aspirações do ideal do ego. No caso do padre Cícero, verificamos que ele consolidou desde cedo em sua vida acentuados ideais de santidade. Os vinte primeiros anos de seu apostolado em Juazeiro até a chamada "questão religiosa", quando revelou extrema dedicação ao seu próximo, expressam bem esses ideais. É importante ressaltar que os ideais de santidade de padre Cícero contaram com forte estímulo de sua família, principalmente de sua mãe.

2. ANTECEDENTES FAMILIARES E RELAÇÕES AFETIVAS NA INFÂNCIA

Padre Cícero descendia de famílias relativamente ilustres do Cariri. Nasceu de cor branca, cabelos alourados, olhos azuis, 1 m 60 cm de estatura aproximadamente e era fisicamente perfeito. Essas são, portanto, suas principais características anatômicas. O primeiro capitão-mor do Crato, que tinha funções de Executivo-Municipal, foi o bisavô materno de sua mãe, d. Joaquina Ferreira Gastão, vulgo d. Quinô. Ele chamava-se capitão Francisco Gomes de Melo e sua posse se deu quando da inauguração do município com a denominação de Vila Real do Crato, no dia 21 de junho de 1764. Pelo lado do avô materno, a família proveio da Bahia, isto é, seu avô materno era o baiano José Ferreira Gastão que casara com a cratense Vicência Gomes Gastão, avó materna do padre.

Pelo lado paterno, era filho de Joaquim Romão Batista, modesto comerciante e pequeno proprietário de terras no Crato. Seu pai nascera filho do capitão Romão José Batista, latifundiário cratense, comandante do corpo de cavalaria do exército libertador que ajudou a consolidar a independência nas províncias do Ceará, Piauí e Maranhão, tendo exercido assim destacado papel na história daquela região. É relevante assinalar esses antecedentes familiares, porque, como escreveu H. Hartmann ("Ego Psychology and the problem of adaptation"): o homem vive nas gerações passadas, bem como na sua própria, por meio de uma rede de identificações e de formações ideais que são de grande significação para as suas formas e modos de adaptação.

Apesar desses antepassados importantes, a reputação da família de padre Cícero foi, relativamente, abalada por alguns episódios antes mesmo de ele vir ao mundo. Por exemplo, seu primo José Marrocos, que privou de sua intimidade até a morte, era filho e neto de padres (oficialmente proibidos de terem famílias) e que, por isso, dedicava-se a uma religiosidade excessiva com a finalidade de, segundo se dizia, salvar as almas desses antepassados do purgatório. Dizem que quando José Marrocos estava em Crato, diariamente, ia rezar no túmulo do seu pai no cemitério.

Outro episódio, de moral duvidosa, ocorreu com suas tias maternas: eram sete irmãs e todas, com exceção de d. Joaquina, sua mãe, foram seduzidas por um indivíduo chamado coronel Maínha. Somente d. Joaquina teria resistido à sedução do desalmado coronel, tendo ele chegado a ameaçar com suicídio se esta não cedesse. Contudo, ela resistiu. Conta-se que o coronel fora traído por sua esposa e, em represália, jurou vingar-se seduzindo o maior número possível de mulheres. Deixou dezenas de filhos na região do Cariri. Esse episódio foi a nós confirmado por d. Amália Xavier de Oliveira, biógrafa e criada próxima ao padre Cícero, em depoimento pessoal pelos idos de 1984. Esse caso é citado por vários autores, inclusive Paulo Elpídio de Menezes[20]:

> ... José Francisco Pereira Maia, varão bíblico que deixou 74 filhos. Basta salientar que era uma casa de família onde havia seis moças e uma pretinha, somente escapou Joaquina Viscência Romana, mãe do sacerdote Cícero Romão Batista. Exercendo certa influência política, elegeu-se deputado provincial em 1838; era irmão de minha avó materna, Joaquina Maia Pedrosa. Se outro valor não houvesse tido, não seria lícito se lhe negar o de grande incrementador do povoamento daquela região.

---

20 *O Crato de meu tempo*. Fortaleza, editora UFC, 1985, p. 15.

Segundo os mais abalizados autores, o lar do padre Cícero foi marcado por forte religiosidade e dedicação à Santíssima Virgem. Havia, portanto, um contraste entre a moral um tanto puritana que reinava naquele lar e aqueles antecedentes reprováveis no histórico de sua família. Esses episódios, ocorridos na primeira metade do século XIX e com a repercussão moralmente negativa, talvez tenha influenciado padre Cícero, através de sua mãe, que certamente os repudiava. D. Quinô, mãe de padre Cícero, era uma senhora de personalidade bastante forte e, provavelmente, um tanto moralista e, apesar de sua grande religiosidade, dotada de certo espírito prático. Dedicava-se totalmente ao lar, à criação dos filhos e à sua religião.

Não podemos avaliar com precisão o quanto esse passado familiar, relativamente reprovável para sua época, influenciou o padre Cícero. Contudo, sabemos que ele era dotado de um rígido moralismo que, provavelmente em parte, se formou em sua personalidade por um mecanismo psicológico de supercompensação àquelas emoções e fatos relativamente vergonhosos de sua infância. Quanto ao seu pai, sabemos relativamente pouco sobre ele. Foi pequeno comerciante, negociava em uma loja e tinha pequenas propriedades nos arredores do Crato. Fazia suas compras (tecidos, artigos variados) nas praças de Recife e Aracati. Ao falecer durante a epidemia de cólera em 1862, o padre Cícero contava cerca de 17 anos, estava estudando em Cajazeiras, no estado da Paraíba, num conceituado educandário sob a direção do padre Rolim. Deixou algumas dívidas para a família e esta vendeu alguns estoques da loja para pagá-las e, também, se desfizeram do negócio.

Otacílio Anselmo[21] relata-nos o seguinte sobre seus pais:

> Era filho legítimo de Joaquim Romão Batista Mirabô, modesto comerciante e pequeno proprietário e Joaquina Ferreira Gastão,

21 *O Pe. Cícero, Mito e Realidade,* editora Civilização‹o Brasileira, 1968, p. 16 e 18.

> que mudou o nome para o de Joaquina Viscência Romana, mas só era conhecida pela alcunha de d. Quinô. Ela era uma das sete filhas do baiano José Ferreira Gastão, filho de Manoel Ferreira Gastão e Antônia Maria de Sousa, baianos imigrados no Crato, e de sua mulher Viscência Gomes Gastão, cratense que nascera do capitão José Gomes de Melo, natural do Crato...
>
> ...Ao juntar Mirabô ao seu nome, Joaquim Romão Batista demonstrava aquilo que ainda hoje é confirmado pela tradição popular: mitomania (tendência à mentira). De fato, ele costumava dizer por exemplo que em cada estaca de curral, na sua Fazenda Faustino, havia um cortiço. Também propalava que no princípio de cada ano reunia 22 novilhos dos 20 garrotes que havia deixado no campo.

O relacionamento de padre Cícero com sua mãe foi aparentemente tranquilo, porém, achamos provável, embora não possamos afirmar com certeza, que em seus primeiros meses de vida tenha ocorrido pequenos traumas seguidos ou um grande trauma, mas que foram suficientemente intensos para fazê-lo recolher seu afeto (libido) anteriormente dirigido aos pais, principalmente a mãe, de volta em parte para o seu eu, indo fortalecer assim o seu futuro e vigoroso ideal do eu. Ou seja, conforme explicamos na parte relativa aos termos e conceitos psicanalíticos, ele incorpora aquelas imagens primitivas dos pais para formar seu ideal do eu, que passa então a absorver intensamente seu interesse por essa parte dele mesmo. Pode ser verossímil que a mãe do padre Cícero, apesar de suas grandes qualidades, tenha sido uma pessoa que reprimiu bastante sua afetividade. Já o pequeno Cícero, provavelmente, nasceu com grandes necessidades afetivas que talvez não tenham sido devidamente satisfeitas por ela, pois é possível que d. Quinô tornara-se uma pessoa relativamente seca do ponto de vista afetivo. Sua atitude antiamorosa irá se refletir nas duas filhas que morreram solteiras e, com toda probabilidade, também virgens. Ao que parece, ela imprimiu um ambiente de grande moralismo e acentuada religiosidade em seu lar. Possivelmente, graças a esse marcante moralismo, d. Quinô foi a única das sete irmãs que escapou da sedução do ardiloso coronel Maínha, mesmo este ameaçando suicidar-se como de fato ocorreu. O padre era filho único (tinha apenas duas irmãs) e, certamente, foi muito querido pela família. Provavelmente, procurou realizar os desejos de sua mãe ao buscar, desde cedo, dedicar-se à vida religiosa. O fato de possuir duas irmãs foi uma sorte para ele, pois isso certamente facilitou o escoamento de sua libido da sua mãe (primeiro objeto amoroso) para suas irmãs e destas posteriormente para o mundo externo.

Já o relacionamento do padre Cícero com seu pai foi o núcleo das relações difíceis com autoridades masculinas, que afetará muito sua futura vida. Essas relações difíceis apresentam-se já desde a época do Seminário da Prainha, quando o reitor padre Chevalier não queria lhe ordenar padre, acusando-o de teimosia e, do ponto de vista doutrinário, um tanto rebelde. Esses relacionamentos distorcidos com autoridades masculinas, veremos se repetir com d. Joaquim, o Segundo bispo do Ceará, que sucedeu d. Luiz que fora o primeiro bispo da Diocese. Contemporâneo da ordenação do padre Cícero, d. Joaquim foi o responsável principal da chamada Questão Religiosa do Juazeiro, por não aceitar a origem divina do sangue que aparecia na hóstia, quando a beata Maria de Araújo comungava (no que aliás padre Cícero acreditava sinceramente). Outro relacionamento difícil com autoridade masculina ocorreu com d. Quintino, primeiro bispo do Crato, após a criação da Diocese em torno de 1915 e que se tornou seu superior hierárquico imediato.

Podemos deduzir que padre Cícero formou grande hostilidade para com a figura do pai na infância, que foi reprimida pelo seu exigente supereu e que foi supercompensada no consciente por uma atitude passiva e de obediência a ele. Aquela hostilidade, por conseguinte, foi reprimida para o inconsciente, no final da chamada fase edipiana, por volta dos cinco anos de idade. Essa atividade hostil, pelo que sabemos, jamais foi manifestada na vida real. Segundo seus mais categorizados biógrafos, padre Cícero foi um menino obediente e de bons costumes. Boa parte dessa energia agressiva foi absorvida por ele, numa identificação com o pai no final da fase edipiana, constituindo, assim, seu rígido e autoexigente supereu.

Teria o pai de padre Cícero contribuído para a formação dessa grande hostilidade inconsciente, com seu comportamento e suas atitudes? Não sabemos e, provavelmente, jamais saberemos com certeza. É provável que a relatada tendência às fantasias grandiosas de seu pai, tenha provocado algum efeito na mente do menino Cícero. Contudo, é admissível, que, o grande apego que o padre Cícero nutria para com sua mãe, já fosse suficiente para provocar sentimentos de rivalidade e hostilidade para com o seu pai no auge do complexo de Édipo por volta dos 4 para 5 anos de idade. É provável que seu pai não tenha sido um comerciante de visão, empreendedor e competente, porque deixou a família em situação financeiramente difícil, após sua morte repentina. Teve o mérito, entretanto, de não interferir na vocação religiosa do filho. Segundo Terezinha de Jesus, escrava que fora morar com a família do padre Cícero desde os 6 anos de idade (nessa época, ele tinha 12 anos), o pai queria que ele se tornasse um futuro comerciante, mas quando notou que ele queria ser padre não se opôs a isto.

Um exemplo dessa hostilidade inconsciente à figura do pai pode ser deduzido, entre outras coisas, de um sonho de sua época de seminário que é relatado por Otacílio Anselmo[22] no qual a imagem internalizada do pai é representada por d. Pedro II. No referido sonho ocorrido cerca de vinte anos antes da deposição de d. Pedro II, este é preso e ameaçado de fuzilamento por um dos próceres da revolução. O seminarista intervém e diz que não fizessem aquilo e que seria melhor deportá-lo. O imperador segue então para o exílio com fisionomia muito triste. Ou seja, é como se no sonho padre Cícero descarregasse a

22 Ibidem, p. 31.

energia agressiva que foi reprimida em relação ao seu pai na meninice, simbolizado por d. Pedro II, mandando-o para o exílio.

Amália Xavier[23] relata-nos o depoimento de Terezinha de Jesus, a mencionada escrava:

> Foi um menino que não deu trabalho aos pais... deixavam satisfeitos que ele fosse à igreja ajudar o vigário nas missas, procissões e em todas as funções religiosas.
>
> Em casa, presidia a reza do rosário e as novenas. E, quando nas horas de refeições, acontecia estar fora, Iaiá mandava que eu fosse procurá-lo. E eu tinha apenas o trabalho de ir até a Igreja chamá-lo, já sabendo que ele estava lá.
>
> Repetia as estórias que lhe contava d. Quinô a respeito do menino Cícero: Mesmo antes de fazer a primeira comunhão, já se divertia em casa armando altares no quintal e fingindo confessar e dar comunhão as duas irmãs – Angélica e Mariquinha.
>
> Fazia pregações e aconselhava ao auditório composto das irmãs e dos amiguinhos da vizinhança.

Padre Cícero veio ao mundo no dia 24 de março de 1844, na cidade do Crato. Já tinha uma irmã, Maria Angélica, conhecida por Mariquinhas e mais de um ano mais velha que ele. Posteriormente, após cerca de cinco anos, nasceu-lhe outra irmã que se chamou também Angélica. Assim, ele foi filho único no meio de duas mulheres. Sua mãe era muito dedicada a ele, como também as suas irmãs. É provável, portanto, que ele tivesse tido boas condições ambientais, para estruturar um eu forte, seguro, querido e dotado daquilo que Erik Erikson denominou de "confiança básica" em seu conhecido livro "Infância e Sociedade". Padre Cícero sempre viveria arrodeado de mulheres (mãe, irmãs, beatas,

23 Xavier, Amália. *O Padre Cícero que eu conheci*, editora Henriqueta Galeno, 1974, p. 297.

empregadas domésticas etc.) a quem ele daria proteção, "cuidaria de sua salvação" e trataria afetuosamente e respeitosamente, numa repetição inconsciente de suas relações afetivas na infância.

Derivados desse relacionamento relativamente bom com a mãe, sempre viria a ter bons relacionamentos com as mulheres de um modo geral. Padre Cícero foi o que se poderia chamar um filho muito querido e desejado pelos pais. Desde a infância assumiu a liderança em relação às irmãs. Padre Cícero teve um ambiente positivo para o seu desenvolvimento psicológico. Era o que o renomado psicanalista Heinz Kohut chamava de "matriz reagente empática" que a criança necessita para sobrevivência e crescimento psíquico, na qual a figura da mãe tem papel preponderante.

Dos relacionamentos com meninos, provavelmente, o mais significativo foi com o parente José Marrocos. Este, a deduzir pelo curso posterior de sua vida, deve ter sido um garoto reservado e de personalidade problemática. Era dois anos mais velho que padre Cícero e parece que exercia bastante influência sobre ele. José Marrocos pautou sua vida por uma religiosidade excessiva e, é provável, que tenha influenciado o padre Cícero nesse sentido também. O menino Cícero estudou na pequena escola do padre João Marrocos, pai de José, por conseguinte, a amizade que os uniu pela vida afora já começava desde essa época.

Manoel Diniz, contemporâneo do Padre Cícero e seu biógrafo, assim nos fala de sua meninice[24]:

> Dizem que sempre foi de costumes exemplares, que quando menino de escola primária, já preferia rezar o rosário, em vez de brincar com as outras crianças. Usava os escapulários de Nossa Senhora das Dores, desde menino, conforme nos disse mais de uma vez.

---

24 *Mistérios do Juazeiro*. Tipografia Juazeiro. 1935, p. 7.

Tornou-se assim, ao que parece, um menino reservado, bastante correto, pudico em seu comportamento e muito dedicado à vida religiosa. Essa vocação religiosa, muito apreciada na época para filhos da classe média, certamente foi muito estimulada por sua mãe e, de resto, por toda a família.

Absorvendo bem as boas influências familiares e do meio social, padre Cícero tornou-se provavelmente um homem moral e intelectualmente superior em relação aos seus contemporâneos.

3. FIXAÇÕES NA FASE ANAL-AGRESSIVA DO DESENVOLVIMENTO DA LIBIDO

Já descrevemos na parte deste livro intitulada "Termos e Conceitos Psicanalíticos" o desenvolvimento da libido no ser humano. Faremos aqui apenas uma breve resenha.

O ser humano atravessa em sua infância algumas fases no seu desenvolvimento psicossexual e que foram descritos por Sigmund Freud. Após o nascimento, temos a chamada fase oral em que a zona erógena predominante é a boca e o maior prazer da criança é chupar, absorver etc, e após o aparecimento dos dentes, também morder.

Por volta do segundo ano de vida, a maior sensação de prazer se desloca para o ânus. Principia a chamada fase anal. Às vezes, podem ocorrer traumas nessas fases oral e anal como o excesso de estímulo repressor, por exemplo, de uma mãe muito rígida e disciplinadora quanto aos hábitos de defecação. Ela tende a ser muito exigente em relação à criança para que controle precoce e fortemente sua função intestinal. O trauma pode ocorrer também por falta de estímulos adequados, como acontece quando a mãe é muito seca ou indiferente à criança durante a fase oral, não lhe proporcionando o necessário afeto. Esses traumas provocam, então, denominadas fixações da libido que enfraquecem o "eu" para enfrentar os futuros embates na vida.

No caso do padre Cícero este revelará, no decurso de sua vida, acentuados traços de personalidade anal (também chamadas perfeccionistas, ou seja, com acentuada tendência obsessiva pela perfeição), que foram sublimados ou, principalmente, transformados em seus opostos pelo mecanismo psicológico de defesa chamado formação reativa, por exemplo, uma tendência à sujeira pode se transformar noutra a uma limpeza exagerada. Na sublimação àqueles elementos instintivos, por exemplo, impulsos agressivos, são derivados mais para atividades socialmente mais aceitas, como no caso do indivíduo agressivo que se torna cirurgião, isto é, o impulso não é recalcado para o inconsciente, ele sofre apenas transformação para uma atividade mais nobre, com maior aprovação do meio e do próprio supereu. Já na formação reativa, aquelas tendências instintivas são reprimidas para o inconsciente e no consciente aparece o seu contrário. É como se aquelas tendências instintivas fossem se transformando em traços de personalidade de qualidade oposta.

Entre esses traços de personalidade anal-perfeccionista, encontramos: acentuado espírito de ordem, de economia, de obstinação e de pontualidade, uma grande exigência de ser respeitado e respeitador nas relações interpessoais no consciente, e, também, certa tendência sádica no inconsciente que não é percebida pelo indivíduo. A autoexigência de ser correto, honesto, era hipertrofiada em padre Cícero. Por outro lado, suas reações agressivas, às vezes, eram acentuadas, quando provocadas. Podemos notar a relativa força dessas suas reações agressivas, em vários episódios: quando o professor primário, no começo de sua vida profissional, batia energicamente de palmatória nos meninos faltosos; quando se instalou em Juazeiro em 11 de abril de 1872, ia pessoalmente fechar, com indignação antros de bebidas, jogos, prostituição e dança; quando o perigoso cangaceiro Zé Pinheiro matou o delegado Quintino e resolveu, depois, tomar cachaça com o pedaço do lábio do falecido mergulhado nela, ele, padre Cícero, já com cerca de 70 anos, o repreendeu severamente.

A sua necessidade excessiva de ser e parecer correto mostra-se no episódio seguinte: levou para Roma, em 1898, uma soma enorme de dinheiro para entregar às instituições religiosas e foi incapaz de retirar algum para ele, mesmo a título de empréstimo, e depois, atravessou sérias dificuldades financeiras naquela cidade. A sua pontualidade é bem exemplificada nesse trecho da obra de Otacílio Anselmo[25]:

> ...para se ter idcia do volume de sua correspondência, basta saber que, somente através do telégrafo, entre setembro de 1912 e setembro de 1916, conforme pesquisa realizada pelo jornalista F.S. Nascimento, o sacerdote manteve correspondência com 107 vilas e cidades de quase todo território nacional. E cumpre salientar que, apesar da lufa-lufa em que se via envolvido, era de uma pontualidade a toda prova, jamais deixando de responder um simples bilhete.

Seu espírito de ordem e obediência é revelado no grande conflito de sua vida com autoridades eclesiásticas em torno da chamada "questão religiosa de Juazeiro", a respeito dos milagres da hóstia. Padre Cícero, apesar de repudiado pelo clero de sua época e, às vezes, injustamente perseguido por ele, manteve-se fiel e obediente à Igreja Católica o quanto lhe foi possível. Sua atitude de obstinação é bem revelada na sua crença irredutível de que o sangue aparecido nas hóstias era de origem divina, ou, também, na sua eterna luta para recuperar suas ordens religiosas após a suspensão destas.

A sua necessidade exagerada de ser respeitado foi muito marcante, durante toda a sua vida e parecia uma das características salientes de sua personalidade. Por este prisma, podemos avaliar o quanto foi doloroso para ele a condição de padre suspenso da ordem, inclusive ameaçado de excomunhão. Provavelmente, sentiu-se vulnerável, desrespeitado e muito fragilizado sem poder exercer suas funções sacerdotais. Essa situação propiciou sua descompensação psicológica, quando teve leve reação paranoide em relação,

25 *Padre Cícero, Mito e Realidade*. 1968, p. 259.

notadamente, a dom Joaquim, o principal responsável pela sua suspensão, o qual era bispo da Diocese do Ceará na época. Sentiu-se incompreendido e perseguido pelo bispo. Em 1916, chegou a ser excomungado por Roma. Dom Quintino, que na época era bispo do Crato, sob cuja diocese a capela do Juazeiro era dependente, enviou a ordem pelo correio para Juazeiro, contudo, dr. Floro que censurava toda correspondência do padre Cícero, reteve o documento, sem nada comunicar ao padre. Foi então ao Crato falar com dom Quintino alegando razões de idade e saúde precária do padre Cícero, e uma possível rebelião popular caso a excomunhão se concretizasse, conseguindo do bispo que a Santa Sé comutasse a pena em irregularidade canônica, podendo o padre continuar se confessando e comungando como um leigo qualquer. Passaria ele quase a metade de sua vida tentando, pateticamente, se reabilitar perante à Igreja Católica, o que, aliás, foi em vão.

Essa forte personalidade anal-perfeccionista (ou em termos mais comuns: muito perfeccionista) certamente proveio, em parte, de um acentuado erotismo constitucional na fase anal de desenvolvimento da libido, em torno aproximadamente dos dois anos. Essa excitação anal, caracterizada principalmente pelo prazer com o funcionamento intestinal e seus excrementos, será posteriormente reprimida para o inconsciente e, pelo mecanismo chamado formação reativa, aparecerão compensatoriamente traços de personalidade opostos à sujeira das fezes, ou seja: limpeza, ordem, disciplina, necessidade excessiva de se sentir respeitado, conforme já foi relatado acima.

Na etapa final do chamado Complexo de Édipo (em torno dos cinco anos), aparecem as identificações poderosas com os pais. Parece que a identificação de padre Cícero com sua mãe foi bastante acentuada. Ela, aparentemente, possuía também, fortes traços de uma personalidade anal-perfeccionista. Essa identificação certamente ajudou o menino Cícero a reprimir seu erotismo anal e compensá-lo com traços opostos de personalidade, ou seja, a sujeira, desorganização, etc, dando lugar à ordem, pontualidade, como já foi explicado. A identificação do padre com o seu pai, provavelmente, ocasionou a repressão da tendência passiva em relação a ele para o inconsciente.

Ficaria com essa tendência passiva, submissa, amorosa em relação ao pai no seu inconsciente, a qual foi provavelmente responsável pelo alto nível de desconfiança que o padre desenvolveu em seu relacionamento com as autoridades, principalmente, quando sofreu aquela relativa descompensação psicológica. Ao que parece, transferia inconscientemente para essas autoridades masculinas a relação conflituosa e inconsciente com o a figura do pai. É como se, para defender-se dessa tendência passiva em relação ao pai, ele a reprimisse fortemente para o inconsciente e, por aquele mecanismo de formação reativa aparecessem em seu lugar sentimentos de hostilidade e desconfiança oriundos da hipertrofia da tendência oposta, ou seja, a tendência ativa, como viria a ocorrer em relação a dom Joaquim. É como se para defender daquelas forças ou desejos passivos (de submissão etc), o padre desenvolvesse um acentuado sentimento de desconfiança em relação ao bispo. Houve, contudo, razões na realidade para o padre sentir-se ameaçado. Apenas sua reação psicológica a essas ameaças foi excessiva.

É oportuno esclarecer ao leitor que porventura não for versado em Psicanálise que todo homem tem suas tendências passivo-femininas no inconsciente em graus variados. No desenvolvimento normal da personalidade, aquelas tendências, por volta da puberdade, são sublimadas e transformadas em grande parte, em sentimentos sociais, de amizade e coleguismo, com outros homens. Embora padre Cícero tenha revelado boa capacidade de amizade e cordialidade com seus amigos e colegas, ao que parece, essas tendências passivas não foram de todo sublimadas; restou no inconsciente um pouco dessas forças passivas não sublimadas e que eram reativadas pela autoridade masculina conforme já relatado e substituídas por sentimentos de desconfiança e até hostilidade no consciente.

Esses traços de personalidades oriundas da fase anal tiveram, também, aspectos muito positivos na vida de padre Cícero. Por exemplo, seu hábito metódico de orar certamente lhe proporcionava grande tranquilidade e relaxamento. Seu autocontrole o ajudou a se livrar facilmente do tabagismo. Seu perfeccionismo irá aparecer claramente em uma autoexigência inconsciente de se tomar um santo católico, conforme veremos mais adiante. Até a chamada "questão religiosa" em 1889, ele levou uma vida muito simples e pura, de renúncia aos bens e prazeres materiais. É como se ele quisesse inconscientemente tomar-se um "perfeito santo católico".

4. O COMPLEXO DE ÉDIPO

A Psicanálise postula que, em torno dos 4 para os 5 anos de idade, começa no indivíduo a fase do chamado "complexo de Édipo" que se tornará de grande importância para a formação da personalidade. Nela, haverá uma exarcebação nas tendências e desejos. Com relação à figura da mãe, o menino apresentará grande desejo de tê-la para si, e ao mesmo tempo, desenvolverá certa hostilidade e ciúmes em relação ao pai. A relação inversa também pode, às vezes, ocorrer, ou seja, tendência amorosa e passiva em relação ao pai e, também, tendência hostil e ativa em relação à figura da mãe.

Ao que parece, padre Cícero fez as duas formas do complexo de Édipo: na sua fantasia infantil daqueles primeiros anos de vida foi provavelmente "um homenzinho" para com a sua mãe e também, às vezes, "uma mulherzinha" para com o seu pai.

Como o menino Cícero resolveu esse conflito? O mais provável é que, em torno de cinco anos de idade, etapa conclusiva do complexo de Édipo, ele tenha sufocado (reprimido), para o inconsciente, seu afeto em relação à figura do pai e, através de uma identificação com ele, pôde continuar amando conscientemente a figura da sua mãe. Contudo, a tendência passiva em relação ao pai permaneceu agindo em seu inconsciente e iria lhe causar alguns transtornos, em suas relações posteriores com autoridades masculinas representativas do seu pai no inconsciente, como já foi descrito.

Esse amor inconsciente, essa tendência passiva e submissa em relação à figura do pai, foi reprimida para o inconsciente e pelo mecanismo de formação reativa, foi também supercompensada, sob a forma de grande tendência ativa e masculina. Essa tendência passiva reprimida em relação à figura paterna, como já foi dito, iria causar-lhe grandes problemas durante sua vida, principalmente dificuldades em suas relações com os seus superiores. Esse citado mecanismo de formação reativa, que compensava e absolvia a energia de sua, provavelmente, forte tendência passiva, lhe forneceria forças para suas grandes realizações e para enfrentar grandes embates, no decorrer de sua vida atribulada. Aquela passividade em relação ao pai foi, bem provável, o suficientemente forte para impedir qualquer expressão direta de sua hostilidade para com ele. A tendência hostil ao pai encontraria satisfação na destruição simbólica dele pelo mecanismo de identificação, absorvendo o pai em si próprio (formando a consciência), conforme já foi explicitado anteriormente. Aquele pai incomparável e poderoso da infância irá formar o núcleo do seu supereu, excessivamente autoexigente. Com isso, o garoto resolve boa parte de sua problemática edipiana. Aos seis anos de idade quase toda criança já alcançou alguma forma de conciliação do conflito oriundo do complexo de Édipo. Como não teve irmãos para competir, provavelmente, as pulsões agressivas de padre Cícero não foram muito estimuladas.

Quanto ao seu relacionamento com a sua mãe, tudo indica que não sofreu maiores conflitos. Mesmo após a fase edipiana, continuou amando-a sublimadamente mesmo em nível consciente. A maior dificuldade emocional que padre Cícero trouxe de sua fase edipiana foi, sem dúvida, a grande tendência passiva reprimida em relação à figura do seu pai. Quando tinha que se relacionar, de modo mais íntimo e constante, com uma figura masculina de autoridade, como por exemplo, padre Chevalier, dom Joaquim ou dom Quintino, seus superiores hierárquicos, parece que estimulava essa tendência passiva reprimida e, nessa situação, o eu do padre Cícero sentia-se ameaçado. Defendia-se dessa ameaça interior, tornando-se desconfiado e sentindo-se ameaçado por eles. Assim padre Chevalier, reitor do seminário, não lhe quis ordenar porque o achava teimoso, excessivamente místico e um tanto independente nas suas ideias religiosas. Ou seja, na realidade, essa atitude hostil do padre Cícero era uma defesa, contra seus inconscientes desejos passivos e submissos em relação à figura de seu pai.

Quanto ao seu relacionamento com dom Joaquim, esse adquiriu tons mais dramáticos. Dom Joaquim fora o segundo bispo que assumiu a Diocese do Ceará, no ano de 1883. Nessa época padre Cícero já estava radicado em Juazeiro. Quando em 1889, ocorreram os chamados "milagres de Juazeiro", com a hóstia se transformando em sangue na boca da beata Maria de Araújo, padre Cícero, com seu peculiar misticismo, acreditou ser o sangue de Jesus novamente derramado, em prol da salvação da humanidade. Já dom Joaquim, dotado de personalidade forte e autoritária, desacreditou no fenômeno e o atribuiu simplesmente ao embuste da beata Maria de Araújo. Estava aceso o estopim que iria queimar a vida do padre Cícero, durante o resto de sua longa existência. O complexo emocional oriundo da tendência passiva inconsciente em relação à figura paterna e supercompensada pela tendência à atividade em nível consciente gerava desconfiança, por sentir-se perseguido em relação ao bispo. Aflorou intensamente aquele complexo emocional inconsciente, e padre Cícero iria sempre sentir-se incompreendido e ameaçado por dom Joaquim. Parece que, nesse caso, a fantasia e a realidade se aproximaram, já que o bispo se tornaria muito exigente e até injusto para com ele. É como se o padre, naquela situação, tivesse sofrido intensa regressão emocional inconsciente aos seus anos de infância. É interessante acrescentar que dom Joaquim, antes do surgimento dos supostos milagres, tinha padre Cícero em alta conta. Por ocasião de uma visita sua ao Cariri, disse a frase que ficaria famosa: "A virtude do padre Cícero enche todo o vale do Cariri". Exemplificando, por conseguinte, o grande apreço e admiração que o bispo nutria pelo padre Cícero, naquela época. Após a ocorrência dos "milagres de Juazeiro", contudo, aquele afeto amoroso iria se transformar em grande hostilidade entre ambos. Dom Joaquim iria se sentir desobedecido e o padre Cícero sentir-se-ia incompreendido e perseguido. O autoritarismo de dom Joaquim é exemplificado nesta carta de padre Antero (defensor dos chamados "milagres de Juazeiro") para beata Mocinha em 1909, portanto vinte anos após a chamada "questão religiosa" de 1889 e encontrada nos arquivos do padre Cícero no Colégio Salesiano. Padre Antero fora suspenso de ordens, vivia em extrema dificuldade financeira:... "Como sabe, estou suspenso; o ódio de dom Joaquim ainda perdura. Mande-me, o mais breve, intenção de missa, aqui não há". Isso porque mesmo depois de suspenso de ordens, padre Cícero recebia vultosas somas em dinheiro para se realizarem intenções de missa, que ele distribuía criteriosamente para outros padres, ou para entidades religiosas nacionais ou estrangeiras. Ou seja, após vinte anos dos acontecimentos relatados, o padre Antero ainda sentia-se ameaçado por dom Joaquim.

Já com dom Quintino, que assumiu a Diocese do Crato, criada em 1914, vassalo de dom Joaquim e, que passou a ser o superior hierárquico imediato de padre Cícero, o relacionamento entre ambos manteve, mais ou menos, o mesmo padrão emocional do de dom Joaquim, iria o padre sentir-se incompreendido e ameaçado pelo novo bispo, que, aliás, iria demonstrar má vontade em relação a ele.

Já o seu relacionamento com as mulheres continuaria mais ou menos tranquilo, para o resto de sua vida, como resultado da relativamente boa relação afetiva que manteve com a mãe, desde a infância.

Ao que parece padre Cícero resolveu, satisfatoriamente, esse componente do seu complexo de Édipo. O desejo afetivo-instintivo pela mãe será, posteriormente, sublimado e, também, dirigido para Nossa Senhora das Dores que se tornará a causa maior de sua devoção religiosa. Conta-nos Amália Xavier de Oliveira[26], que ele após ser suspenso da ordem e, quando foi a Roma tentar recuperá-la e o conseguiu parcialmente, foi justamente, no altar de Nossa Senhora das Dores, que ele celebrou sua primeira missa, revelando assim sua gratidão com ela. É provável que padre Cícero amou e foi muito amado por sua mãe. Fora acostumado a chamar-lhe ternamente de Sinhá Quinô, porém, quando lhe escrevia usava o termo minha mãe. Não houve maiores conflitos nessa relação, sua tendência ativo-masculina para a figura materna foi bem resolvida emocionalmente. Seus

26 *O Padre Cícero que eu conheci*. Editado pela ed. Henriqueta Galeno, 1978, p. 113.

relacionamentos posteriores, com as mulheres significativas em sua vida, foram relativamente bons. A tendência amorosa por sua mãe foi transferida em boa parte para suas irmãs e, posteriormente, sublimada principalmente para Nossa Senhora.

Padre Cícero viveu sempre rodeado por mulheres, às quais protegia e as encaminhava para a vida religiosa. Era uma reprodução inconsciente de sua situação infantil cercado por sua mãe, as duas irmãs e a dedicada ex-escrava Terezinha de Jesus.

Não resta dúvida de que os relacionamentos de padre Cícero com as mulheres mantiveram sempre um alto padrão de respeito e moralidade. As suspeitas levantadas pelo padre Alencar Peixoto no seu livro "Juazeiro do Cariri", editado em 1913, de um suposto caso amoroso envolvendo o padre Cícero e d. Hermínia não passou de fantasias malévolas daquele atribulado sacerdote.

Como dissemos na parte pertinente aos conceitos psicanalíticos, para fins didáticos, estabelecemos uma diferença entre o supereu e o ideal do eu. O primeiro é uma formação mais moralizante e sua ação sobre o eu é mais restritiva, fiscalizadora e punitiva, enquanto o segundo tem uma ação mais expansiva do eu, supercompensatória e mais idealizadora. Por outro lado, caberia ao supereu o controle e a fiscalização de Eu no sentido de realização do ideal do eu. Essa é uma fiscalização severa, punitiva e representa uma das maiores forças de pressão que o eu sofre, no decorrer da sua vida, principalmente, no caso do padre Cícero que formou, ao que tudo indica, um severo supereu.

A formação do supereu ocorre no final da fase edipiana, por identificação do menino com as imagens internas dos pais, ou seja, as imagens internalizadas dos pais irão se constituir no núcleo de onde se formará o supereu. Posteriormente, outras identificações, oriundas da família, escola, meio social, etc. se somarão àquelas primeiras identificações.

Ao que parece, o ambiente da casa dos pais de padre Cícero foi impregnado de intenso moralismo, principalmente pela atitude austera de dona Quinô, sua mãe. Provavelmente, padre Cícero não só absorveu esse moralismo, como o exagerou. Tornou-se muito rigoroso consigo próprio e, também, com as pessoas de sua convivência em geral. Quando resolveu residir em Juazeiro, em 1872, saneou completamente a pequena localidade, repleta de maus costumes, prostituição, bebedeiras etc. Essa ação moralizadora do padre Cícero iria se espalhar, posteriormente, para quase todo Nordeste brasileiro. Por meio de suas pregações diárias aos romeiros que afluíam, de todo sertão nordestino, para ouvi-lo às tardes em baixo de sua janela, e após sua suspensão de ordem. Ele lhes transmitia então essas exortações moralizantes de vida.

Passava horas a fio a rezar e o tempo que dedicava ao exercício do sacerdócio era também excessivo. Por conseguinte, é bastante provável que padre Cícero experimentou, desde cedo, repressão de sua sexualidade e, também, consequentemente, forte sublimação para as atividades do sacerdócio e místicas.

Conforme relata em seu testamento, aos 12 anos de idade e por identificação com São Francisco de Sales, de quem lera a biografia nessa época, fez votos de castidade e os cumpriu até morrer. Não duvidamos da sinceridade de suas palavras, a esse propósito, principalmente, tendo em vista as autoexigências rigorosas que fazia a si mesmo. Por exemplo, padre Cícero era um fumante inveterado, quando esteve em Juazeiro um padre alcoólatra. Padre Cícero o repreendeu do vício e o colega respondeu-lhe perguntando por que ele não largava também do vício do tabagismo? Ele deu uma última tragada no cigarro e disse: "este será o último cigarro que fumarei na minha vida". Realmente, cumpriu o juramento e não voltou mais a fumar, mesmo nos períodos mais atribulados e críticos de sua existência. Essa ação autocontroladora de seu supereu lhe conferiu também extraordinária força de vontade para suas realizações.

Irá também transmitir para seus milhares de romeiros, através de conselhos, essas práticas moralizadoras de vida. Era comum em suas prédicas diárias a exortação, conforme já foi dito:

> quem bebeu não beba mais a cachaça é um poderoso enviado agente, de Satanás. Quem matou, não mate mais, ninguém

> tem direito de ofender o seu semelhante. Só Deus tem o poder de tirar a vida de suas criaturas. Quem roubou, não roube mais, quem rouba vai para o inferno. Quem mentiu, não minta mais; a mentira é filho do diabo e o mentiroso seu encarregado.

Aconselhava também aos seus romeiros o costume de rezar o rosário todos os dias.

Dele disseram Martins Filho e Raimundo Girão[27]: "foi um elemento de notável ação civilizadora para o Nordeste brasileiro".

Outra autoexigência que se fazia era em relação à disciplina e à obediência. Passou cerca da metade de sua existência sendo incompreendido e, às vezes, até perseguido por alguns elementos do clero católico de seu tempo e jamais cogitou em afastar-se da Igreja Católica, apesar de suspenso de ordem, como observa padre Azarias Sobreira: "teria sido fácil para ele fundar uma seita, tal o grande número de adeptos". Entretanto, manteve-se obediente no seio da Igreja, procurando sempre se reabilitar, o que, aliás, foi em vão. Nesse sentido, é revelador o depoimento da mãe do padre Azarias Sobreira[28]:

> O padre Cícero sempre nos ensinou que a obediência era a pedra de toque do bom caráter. Disse-nos, muitas vezes, que se um anjo de paz viesse meter em nossa cabeça uma doutrina diferente da Igreja, ninguém se enganasse: o anjo de luz nada mais seria que o demônio disfarçado.

A Igreja Católica foi tudo para o padre Cícero, tal a intensidade de seu espírito de obediência e amor por ela.

Segundo padre Azarias Sobreira, na citada obra, padre Cícero costumava dizer: "Eu nunca desobedeci, afirmava ele. Nunca cometi deliberadamente um só pecado mortal".

---

27 *O Ceará*. Editado em 1939.
28 *O Patriarca de Juazeiro*, p. 13.

Essa atitude severa consigo mesmo também transparecia nas relações com os outros. Por exemplo, afirma Otacílio Anselmo[29], que uma ingênua romeira, certa feita, o interpelou inocentemente perguntando se era pecado mulher urinar em pé. O padre teria passado forte reprimenda na mulher, chamando-a de sem-vergonha, o que evidentemente é um forte exagero de julgamento. O padre Cícero não só formou autoexigências, excessivamente moralistas consigo próprio, como também, as exigia nas suas relações interpessoais. Conta dona Amália Xavier de Oliveira, no livro citado, página 21, que tinha quando menina o apelido carinhoso de "Amada", porém padre Cícero, que lhe devotava certa preferência, trocava o nome para "Amanda", talvez numa defesa inconsciente contra supostos desejos que a palavra "amada" poderia evocar, ou ser, também, mal interpretada pelos circunstantes.

Essa tendência moralista ele absorveu muito de seu relacionamento com sua mãe. Já o seu relacionamento com seu pai parece ter sido bastante conflituoso. Tudo indica que preponderava nesse relacionamento uma atitude passiva para com o pai, contud o, essa tendência passiva era rejeitada pelo seu eu e reprimida para o inconsciente, pelo seu rigoroso supereu, sendo então substituída por uma atitude ativa em nível consciente. Ocorria, portanto, um conflito entre a fortalecida tendência ativa em nível consciente e a também forte tendência passiva em nível inconsciente. Conforme já exposto, aquela passividade foi supercompensada por uma atitude ativa em nível consciente. Essa atitude ativa, às vezes, irá aparecer sob a forma de ideias persecutórias, quando eram reativadas em suas relações com substitutos paternos, de acordo com o que já explicamos. Seria como se tivesse ocorrido um mecanismo de negação psicológica daquela tendência amorosa e passiva em relação ao pai ou às autoridades que simbolicamente o representassem e sua transformação consciente em atitude desconfiada e hostil. É como se no íntimo padre Cícero almejasse ser amado por aqueles substitutos paternos, porém, sua desconfiança mais ao nível consciente, e, portanto, mais

29 *Padre Cícero: mito e realidade*. Editora Civilização Brasileira, 1968, p. 279.

perceptível, o levasse a sentir-se traído por eles. Ou seja, seu sentimento afetuoso por eles foi se transformando em hostilidade que era projetada naquelas autoridades. É como se o padre dissesse: "Não sou eu que os hostiliza, eles é quem me ameaçam".

É claro que estamos analisando somente a parte que cabe ao padre Cícero nesses relacionamentos. Na verdade, tanto dom Joaquim quanto dom Quintino não só foram algumas vezes arbitrários, como também, relativamente injustos para com ele.

5. NARCISISMO E FORMAÇÃO DO IDEAL DO EU

A chamada libido narcisista, isto é, aquela força afetiva, ou amor por si mesmo, aparentemente, sempre foi muito acentuada em padre Cícero. Aquela forte libido narcisista, provavelmente já inata, foi se acentuando com a grande dose de afeto e cuidados recebida de seus familiares principalmente de sua mãe. Essa marcante libido narcisista irá fornecer a força para a formação futura de seu robusto ideal do eu. Sendo o único filho homem do pai e da mãe, cuidado e amado por todos de casa, teria sido surpreendente se ele pudesse evitar grande concentração de interesse em si próprio. Dificilmente se encontra nos relatos sobre padre Cícero prova de alguma falta de admiração por si mesmo, ou ausência de interesse pela realização de seus ideais.

Ao que parece, padre Cícero, talvez, mais inconsciente do que conscientemente, provavelmente, tinha uma ideia grandiosa de seu destino. Em parte, isso foi reflexo do grande afeto e de esperança que sua mãe depositou nele desde sua infância. Essa carga afetiva investida em si próprio, às vezes, se tornava exagerada, chegando às raias da mania de grandeza, como é relatado por alguns autores.

Padre Cícero tinha o seguro refúgio do seu narcisismo para se recuperar das inúmeras decepções que sofreu na vida. A imagem que fazia de si mesmo, como um predestinado a grandes feitos, sempre o apoiou e o manteve psicologicamente nas adversidades. Citaremos alguns trechos de seu biógrafo e confessor, padre Azarias Sobreira[30]:

Pág. 21:

> Porque é verdade que ele experimentou, desde bem cedo, o pressentimento e anseio do martírio. Repetidas ocasiões, preveniu seus fiéis para esse passo fulminante de sua existência, pois ainda antes das prisões dos bispos de Olinda e do Pará, viveu esperando uma grande perseguição religiosa no Brasil e queria ser um dos primeiros a morrer pela Fé.

O que denota seu sentimento de predestinação.

Pág. 52:

> Talvez por uma fatalidade do próprio temperamento, o padre Cícero possuía inabalável certeza de sua predestinação e uma, como que assistência divina indefectível e nisso vai boa parcela de seu ascendente sobre as multidões.

Pág. 59: Comparando-o com Frei Savanarola, padre Azarias diz:

> tinha dele também o aferro irredutível às próprias ideias, aferro esse que lhe parecia uma virtude primária, pois se havia persuadido de ser um sacerdote predestinado, extraordinariamente assistido pelo Altíssimo e vindo à luz no território americano, para formar um povo escolhido.

Tudo indica que o padre Cícero estruturou desde a infância intensa idealização de si mesmo como um futuro

---

30 *O Patriarca de Juazeiro*. Editora Civilização Brasileira, 1969.

"Santo Católico". Formou assim o que Kohut chamou "estruturas compensatórias". Seriam pensamentos e sentimentos de grandeza que se formam em compensação a outros de inferioridade, de vergonha e de tons masoquistas de um modo geral. Ele, ao que parece, manteve essa autoimagem mesmo frente às situações mais difíceis. Como já dissemos e, segundo padre Azarias (op. cit.), mantinha o anseio de ser martirizado em função da glória da fé católica. Dizia, referindo-se à Igreja Católica, "nunca desobedeci, nunca cometi deliberadamente um só pecado mortal". Essa idealização de si mesmo como "Santo Católico" proveio de identificação, desde a infância, com figuras exemplares do panteão católico, inclusive com o próprio Cristo. Desde a meninice frequentava a igreja, como o relatou o Sr. Jesuíno Brizeno, professor primário do padre Cícero, a propósito dos fatos milagrosos de Juazeiro:

> Cícero pode estar errado, pois é muito ingênuo, mas ele nasceu foi para a igreja. Quando menino estudava comigo e, em certos dias, só chegava à escola depois dos companheiros. Em conversa com o pai, lamentei a irregularidade do filho, o que causou àquele enorme surpresa. É que o menino saía de casa infalivelmente na hora regulamentar. Posto o caso em sindicância, viemos, a saber, que Cícero se deixava ficar na matriz, rezando devotadamente, na ida para a escola e era este seu único empalho (Padre Azarias, op. cit).

Padre Cícero teve vários sonhos fundamentais em sua vida, pelos quais costumava guiar o seu destino. Nesses sonhos, assistimos à realização dos seus desejos mais íntimos de santidade e dedicação ao próximo.

Transcreveremos, em seguida, um sonho (já mencionado anteriormente) que pela importância na vida do padre iremos transcrever mais pormenorizadamente e que foi decisivo para sua resolução de fixar-se em Juazeiro, em

1872, que, por aquela época, era um povoado de muita miséria, poucas casas, muita libertinagem etc. Ralph Della Cava[31], nos conta que:

> Certa vez, ao anoitecer de um dia exaustivo, após ter passado horas a fio a confessar os homens do arraial, atravessou, pesadamente o pátio da capela, onde estava provisoriamente alojado. Deitou-se num quarto contíguo à sala de aula, caiu no sono e a visão fatal se revelou: doze homens em vestes bíblicas entraram na escola e sentaram-se em volta da mesa do professor, numa disposição que lembrava "A Última Ceia" de Leonardo Da Vinci. O Padre sonhou, então, que acordava e levantava-se para espiar os visitantes sagrados, sem que estes o vissem. Neste momento, os doze apóstolos viraram-se para olhar o mestre. De acordo com o relato deste sonho, Cristo apareceu na escola tal como num retrato litúrgico popular do século XIX, e que se encontrava em quase todos os lares piedosos da época. Nesse quadro, o coração do Nazareno está visivelmente exposto e, simbolicamente, representado como que incendiado de amor pelos homens e, também, despedaçado e sangrando das feridas inflingidas pelos pecados da humanidade e pela indiferença para com a Fé. Conhecido pelo nome de Sagrado Coração de Jesus foi esse quadro, naquele tempo, objeto de grande devoção religiosa e popular através da Europa, principalmente na França e no Brasil, devoção essa que assegurava a seus fiéis praticantes a salvação quer das chamas eternas do inferno, quer das intermináveis adversidades terrenas. No momento em que o Cristo imaginário levanta para dirigir a palavra aos seus apóstolos, um bando de camponeses miseráveis entrou, de repente, na escola. Carregando seus parcos pertences em pequenas trouxas sobre os ombros, estavam homens e mulheres vestidas de farrapos, e as

31 *Milagre em Juazeiro*, 1976, p. 24.

> crianças nem isso tinham. Davam a impressão de virem de muito longe, de todos os recantos dos sertões nordestinos. Cristo, então, virou para eles e falou, lamentando a ruindade e as inúmeras ofensas da humanidade ao Sacratíssimo Coração. Prometeu fazer um último esforço para salvar o mundo, mas caso os homens não se arrependessem depressa, ele poria fim ao mundo que ele mesmo havia criado. Naquele momento, ele apontou para os pobres e voltando-se inesperadamente, para o jovem sacerdote estarrecido, ordenou: "E você Padre Cícero, tome conta deles...

Nesse sonho, padre Cícero nos mostra um Cristo de traços nitidamente autoritários, provavelmente resquícios das imagos (imagens internas) dos pais internalizados na infância e, agora, caracterizando o seu supereu. Como já escrevemos na parte intitulada "Termos e Conceitos Psicanalíticos", uma das funções do supereu é controlar e induzir o eu para a realização do ideal do eu. Nesse sonho, Cristo parece representar o supereu, padre Cícero o eu e os camponeses miseráveis em relação aos quais Cristo lhe ordena que cuidasse deles simbolizam a realização do seu ideal do eu. Essa ordem onírica ele obedecerá para o resto da vida, mesmo contrariando o clero que exigia seu afastamento de Juazeiro. Sentia como seu dever maior o cuidado com aquela pobre e abandonada gente sertaneja. Dizia: "Não foi o próprio Cristo que lhe ordenara?" Isso se referindo à ordem que recebera naquele sonho. No sonho, padre Cícero realiza seu desejo íntimo de santificação por uma dedicação ao próximo carente, ao preço de qualquer sacrifício. Esse ideal de santificação estava indissoluvelmente ligado à Igreja Católica e, certamente, foi um dos principais motivos que o mantiveram preso a essa instituição que o rejeitaria e o trazia ameaçado de excomunhão.

No segundo parágrafo de seu primeiro testamento (fez dois) começa declarando:

"Declaro que sou filho da Santa Igreja Católica, Apostólica, Romana, em cuja fé e obediência sempre vivi e protesto viver e morrer". Ralph Della Cava[32] falando sobre sonhos e visões de padre Cícero assim se expressa:

> Anos depois, ocorreram outras visões e, em todas elas se discernia o mesmo padrão: figuras de indubitável autoridade apareciam para decretar e garantir ao piedoso clérico o seu futuro rumo. Nunca se mostrou avesso em revelar tais experiências aos amigos e parentes que, como ele, movidos pela mesma devoção e ingenuidade chegaram a reverenciá-lo como o homem de singular e indelével vocação para a santidade.

Essa autoidealização de si mesmo como santo é provável que tenha lhe ajudado na ocorrência de vários fenômenos paranormais. Isso pode ser exemplificado no episódio da hóstia se transformando em sangue na boca da beata Maria Araújo. O bispo dom Joaquim desacreditou no fenômeno. Então, padre Cícero teve uma visão de Cristo em que este lhe dizia ser o sangue realmente dele (Cristo). O episódio está relatado numa carta em que padre Cícero escreveu ao bispo datada de 14 de agosto de 1891. Outro fato extraordinário ocorrido com ele foi a reprodução em si mesmo do chamado "milagres das hóstias". Dona Amália Xavier de Oliveira[33] nos conta:

> Dr. Manuel Diniz, em seu livro sobre Juazeiro, dá publicidade a um caso também nosso conhecido através de conversas com os mais velhos que aqui vai transcrito: antes da primeira manifestação por intermédio de Maria Araújo já havia se dado o seguinte fato, contado por um velho carpinteiro da Rua do Brejo: "estava eu com algumas pessoas assistindo à missa do padre Cícero, num dia de semana, e vi que quando ele elevava a hóstia consagrada,

32 Op. cit., p. 139.

33 *O Padre Cícero que conheci*. Edição Henriqueta Galeno, 1974, p. 316.

> essa se transformou em sangue correndo entre os dedos dele e caindo dentro do cálice, cujo vinho logo se fez sangue. O celebrante ficou perturbado, pediu a todos que guardassem silêncio sobre o caso e guardou o cálice.

Quando se ordenou em 1870, padre Cícero alimentava o desejo de se tornar um missionário no Oriente. Um dos principais motivos pelos quais ele desistiu dessa ideia foram as advertências de João Brígido, desabusado jornalista e amigo de sua família. Ele lhe dissera mais ou menos assim: "então você vai salvar pessoas na Ásia e deixa sua mãe e irmã no Crato passando fome?" João Brígido era um famoso jornalista e panfletário, oriundo do Crato, amigo dos pais de padre Cícero e atuava como correspondente do padre na cidade de Fortaleza, quando ele fazia seminário (correspondente era uma pessoa de confiança, que cuidava dos interesses dos estudantes quando longe dos pais).

Interessante é que, no sonho de Cristo mandando padre Cícero fixar-se em Juazeiro, a multidão é que vem atrás de seu missionário, o que, aliás, aconteceria no futuro quando milhares de pessoas vinham de todos os quadrantes do Nordeste brasileiro para vê-lo e consultá-lo. Dedicaria sua vida a pregar, ensinar, aconselhar e curar os pobres sertanejos que o buscavam cada vez mais. Até cerca de 1896, quando foi suspenso de ordem, pregava na igreja e, depois da suspensão, fazia a pregação da janela de sua casa. Até aquela data, padre Cícero atraiu e ajudou muitos colegas de sacerdócio que vinham de longínquas paragens se socorrer com ele. Foram esses padres que propalaram sua fama, nos mais distantes rincões. Antes de 1896, Juazeiro havia se transformado num polo de convergência para multidões de humildes sertanejos, numa espécie de missão permanente. Padre Cícero atendia a todos com solicitude. Dizia-se que ninguém saía do confessionário sem que repassasse toda a doutrina cristã.

Aquelas aspirações missionárias do padre Cícero parecem corroborar a hipótese de que ele estruturou um ideal do eu que lhe exigia santificação. Realmente, um jovem pároco naquela época recuada no tempo se dedicar ao sacerdócio no Extremo Oriente, como ele idealizava, não deixava de ser uma façanha de extraordinário desprendimento. Graças ao fortalecimento desse ideal do eu é que ele teve condições de controlar seus impulsos sexuais, podendo assim manter-se celibatário e dedicar-se aos seus ideais de almejada santidade.

Esse espírito de missão padre Cícero levou para o confessionário e para sua labuta diária: o crente somente saía da confissão após ter lhe sido recordados todos os ensinamentos cristãos, recomendação para uma vida evangélica, renúncia a toda vingança e o compromisso de diariamente rezar "o rosário da mãe de Deus".

Mesmo suspenso de ordem e condenado pela igreja, Padre Cícero se consolava comparando seu sofrimento com o de grandes santos incompreendidos em sua respectiva época pelo clero católico. Dom José Delgado[34], arcebispo de Fortaleza, assim se expressou:

> Condenado e suspenso, ele se consolava recordando iguais provações que tinham padecido grandes santos, como Santa Joana D'Arc que depois de horrivelmente injustiçada, foi oficialmente reconhecida sem culpa e elevada às honras dos altares. Sobre o anseio de santidade, dom José Delgado disse: "Padre Cícero teve da santidade uma ideia bem clara e suspirou por ela. Só na união imediata e pessoal com Deus ela pode advir, fora daí não há santidade. Só por isso ele poderia subsistir até o fim aos tormentos à que o submeteram. Quem, todavia, poderá sustentar que não fosse essa sua vocação? Quem poderia negar que Deus o queria metido naquela roda viva de padecimentos e incompreensões que foram o seu pão de cada dia?

34 *Padre Cícero, mártir da disciplina*, agosto de 1970.

Realmente esse anseio de santidade sustentou padre Cícero em toda sua tormentosa existência, não só na vida clerical como também na vida pública de líder social e político após sua suspensão de ordem. Sempre manteve a esperança e a fé de poder converter até os mais perigosos assassinos. No livro de Frederico Bezerra Maciel[35], encontramos o seguinte trecho:

> Após o repórter haver perguntado a Padre Cícero em 1926, quando Lampião foi a Juazeiro receber a patente de Capitão do Exército Nacional, com o fim de combater a coluna Prestes, porque não mandavam prendê-lo, isto é, ao Lampião, já que contavam com a força de cerca de oitocentos homens.

Respondeu o padre:

> Não, meu amiguinho! Lampião procurou o Juazeiro com intuitos patrióticos: ele pretende se alistar com as forças legais para dar combate aos revoltosos. Uma vez vitorioso, espera que o governo lhe perdoe os crimes. Este homem que veio ao Juazeiro, confiando, em minha proteção, pretende se regenerar. Se não for possível alistá-lo nas forças legais, eu o encaminharei para Goiás, onde levará vida honesta. Como já fiz com o Sinhô Pereira e Luís Padre.

Esses dois últimos foram famosos chefes cangaceiros, antecessores de Lampião. Aquela fé dava-lhe confiança para enfrentar os mais perigosos elementos, como por exemplo, o sanguinário confronto entre Zé Pinheiro e o delegado Quintino, em princípios de 1914 e já mencionado anteriormente. Havia terminado a chamada "Sedição de Juazeiro" e ambos se destacaram na luta armada. Quintino fora nomeado

35 *Lampião, seu tempo e seu reinado*. editora Vozes, 1988, p. 32.

delegado de Juazeiro. Assim relata Amália Xavier de Oliveira[36] o episódio:

> Um bando de homens armados chefiados por Zé Pinheiro, o vencedor do fogo de Miguel Calmon tirando a vida do Capitão Jota da Penha, resolvera naquele dia vingar a morte do seu irmão, Chico Pinheiro, que havia sido assassinado por Quintino, a quem procurara matar em sua residência. Armados e dispostos à luta assaltaram primeiramente a coletoria. O coletor já temendo ameaças do mesmo bando, estava protegido por particulares que obedeciam ao comando de Quintino. Naquele funesto dia 09 de novembro, cerca de 3 horas da tarde, ouviram-se estampidos de balas de rifle, alvejando o prédio da coletoria estadual. As balas cruzavam ao longo da rua, vindo atingir dois catolozeiros que havia em frente a nossa residência, na calçada, onde me achava brincando com meu irmão mais moço... atiravam quase à queima-roupa, tomaram a coletoria, depredaram, queimaram documentos, arrombaram o cofre, depois se dirigiram pela mesma rua até a trincheira dos valados, perto da casa do Quintino. Este resistiu mais ou menos vinte e quatro horas de fogo e com pouca interrupção. Eram apenas quinze, seus companheiros que tiveram de enfrentar cerca de cem celerados. Prestes a acabar pela segunda vez a munição e pretendendo atender aos rogos de sua esposa, com o filhinho de poucos meses nos braços, que lhe suplicava que fugisse com ela, Quintino preparava-se para sair quando foi alvejado pelas costas com um tiro, caindo morto nos braços de sua fiel companheira.

Conta-nos a autora que padre Cícero, que já havia evitado o confronto entre os dois por ocasião da morte de Chico Pinheiro (irmão de Zé Pinheiro), arriscou novamente a vida para impedir a profanação do cadáver de Quintino. Zé Pinheiro

36 Op. cit., p. 206.

já lhe arrancara o lábio superior e colocara numa cachaça, ingerindo-a em seguida. Padre Cícero apareceu e impondo sua autoridade, fez o temível Zé Pinheiro retirar-se com o seu bando, deixando assim em paz o corpo do falecido delegado.

Foram muitos os casos relatados em que padre Cícero, demonstrando invulgar coragem, enfrentou desordeiros e assassinos, com a finalidade de manter a ordem, ou convertê-los à fé católica. Desde o começo do seu apostolado em Juazeiro, em 1872, quando ia acabar pessoalmente com festas, brigas e bebedeiras, demonstrou aquela extraordinária autoconfiança.

Sobre o padre Cícero assim se expressou Lampião, em 4 de março de 1926, em entrevista concedida especialmente ao doutor Otacílio Macedo, em Juazeiro e publicada no jornal "O Ceará" nos dias 17 e 18 do mesmo mês e transcrito no livro de Frederico Bezerra Maciel[37]:

> Sempre respeitei e continuo a respeitar o estado do Ceará, porque nele não tenho inimigos, nunca me fizeram mal, ainda, porque é o estado do padre Cícero. Como devem saber, tenho a maior veneração por este santo sacerdote, porque é um protetor dos humildes e infelizes e, sobretudo, porque há muitos anos protege as minhas irmãs que moram em Juazeiro. Tem sido para elas um verdadeiro pai. Convém dizer que ainda não conhecia pessoalmente padre Cícero, pois essa é a primeira vez que venho a Juazeiro.

Tal era a força moral que provinha dessa autoidealização que padre Cícero certamente fazia de si mesmo como um homem predestinado, ou melhor, como um "verdadeiro santo católico". É oportuno mencionar que essa autoidealização é, em boa parte, inconsciente. Ao que parece, não havia nenhuma arrogância nessa atitude do padre e, sim, muito o que poderíamos chamar de espírito de missão e um amor ao próximo que foi se aprimorando com o transcorrer do tempo.

---

37 Op. cit., p. 61.

6. IDENTIFICAÇÕES COM FIGURAS EXEMPLARES DA IGREJA CATÓLICA

Mesmo após as identificações fundamentais com as figuras parentais para a resolução dos conflitos edipianos em torno dos 5 anos de idade, ao que parece, padre Cícero utilizou, inconscientemente, esse mecanismo de identificação com pessoas santificadas ainda por um largo período, principalmente em relação à vida dos santos que era uma das suas leituras prediletas. No seu testamento, expressa textualmente:

> Devo ainda declarar, por ser para mim uma grande honra, que em vista de um voto feito aos 12 anos de idade pela leitura que fiz nesse tempo, da vida imaculada de São Francisco de Sales, conservei a minha virgindade e a minha castidade até hoje.

É evidente que quando ele fez esse voto radical aos 12 anos de idade, nos albores da tormentosa fase da adolescência, já resolvera se consagrar a Deus. É provável também que, bastante antes dessa fase, talvez emergindo do conflito edipiano aos 5 anos de idade, tenha sentido uma intensa identificação com a figura de Jesus Cristo, como veremos adiante. É oportuno observar que padre Cícero possuía ilustres antepassados no seu histórico familiar, o que certamente facilitou a formação de sua identidade do eu no sentido positivo de identificação. Já o que Erik Erikson[38], chamou de identidade negativa, isto é, formada por tipos desprezados na infância, vale salientar os casos relativos à moralidade sexual, por exemplo, o defloramento das tias ou o fato do primo José Marrocos descender de padres, certamente faziam parte daqueles aspectos familiares, moralmente negativos e rejeitados.

---

38 *Identidade, Juventude e Crise*. Ed. Zahar, 1972, p. 204.

Uma pessoa que provavelmente exerceu grande influência sobre o padre Cícero foi o padre Ibiapina. Este o antecedeu de alguns anos, realizando missões pelos sertões e construindo uma extraordinária obra de alcance social. Teve em comum com o padre Cícero a oposição e até a rejeição das autoridades eclesiásticas da sua época. O bispo do Ceará conseguiu de certo modo expulsá-lo para o estado da Paraíba onde ele continuou sua utilíssima obra social. As muitas casas de caridade, misto de orfanato, colégio, convento de beatas, centro religioso e até de atividades industriais, que fundara no Ceará, teve de deixá-las sob o controle do bispado cearense. Padre Ibiapina mobilizou as populações nordestinas na recuperação e construção de inúmeras obras de melhoria social, tais como: poços, estradas, cemitérios, igrejas, além de mais de vinte centros educacionais chamados de casas de caridade. Quando padre Cícero se decidiu residir em Juazeiro em abril de 1872, a grande obra de Ibiapina empolgava as populações do Cariri. Ele não só cuidou dos aspectos materiais, como também dos espirituais, evangelizando quase todo o Nordeste com sua palavra ardente e uma vida de renúncia a toda prova.

Já o autor Ralph Della Cava[39], assim se expressa sobre o Padre Ibiapina:

> As transformações mais importantes nas estruturas religiosas do Cariri ocorreram na década de 1860/1870 e foram devidas, primordialmente, aos esforços de uma das personalidades mais conhecidas do Nordeste, o ardoroso missionário nascido no Ceará, padre mestre Ibiapina. Nasceu Antônio José Pereira Ibiapina perto da cidade de Sobral, em 1806. Estudou Direito em Olinda e ingressou na carreira política cearense, de modo promissor, interrompendo-a quando maus fatos políticos e pessoais o forçaram a deixar o Ceará em 1837. Retornando a Recife, exerceu advocacia e logo se tornou conhecido como defensor dos pobres. Em 1853, com 47 anos de idade, trocou a toga pela batina.

39 *Milagre em Juazeiro*, 1976, p. 30.

Em 1862, houve uma terrível epidemia de cólera no Ceará, que inclusive vitimou o pai de padre Cícero. Ibiapina resolve retornar para sua cidade, Sobral, onde obtém licença da Diocese para fazer pregações em missas. Segundo o seu biógrafo Celso Mariz[40], ele cedo se tornou objeto de veneração popular. Ocorre, porém, que Ibiapina recrutou para ajudá-lo em sua obra social, sem a devida licença da Santa Sé, moças da cidade reunindo-as em uma congregação religiosa de freiras. A iniciativa foi contestada pelo bispo do Ceará que se sentiu afrontado e acabou por ordenar a saída do missionário da Diocese. Ibiapina encaminha-se para os sertões, atravessa seis estados nordestinos pregando suas missões e realizando sua obra benéfica até a morte em 1883.

Por duas ocasiões visitou o vale do Cariri: de outubro de 1864 a fevereiro de 1865 e de julho de 1868 a junho de 1869. Durante essas estadas, mobilizou ricos e pobres na construção das casas de caridade. Elas serviram simultaneamente de escolas para filhas de senhores abastados, de orfanatos para crianças pobres, de centro manufatureiro de tecidos baratos e, também, de convento para sua congregação de freiras. As crédulas populações sertanejas acreditaram ser padre Ibiapina uma espécie de profeta, dotado do poder de fazer curas, tal como já acontecera com frei Vitale no século XVIII. Suas casas de caridade foram as primeiras instituições educacionais para mulheres no interior nordestino.

Existe um grande paralelo entre a obra realizada por padre Ibiapina e a que viria a realizar o padre Cícero, de onde se pode deduzir a forte identificação deste com aquele.

Falando sobre os incentivos vocacionais que por ventura influenciaram o padre Cícero, assim se expressa padre Azarias[41]:

---

40 *Ibiapina, um apóstolo do Nordeste*

41 *O Patriarca de Juazeiro*, 1968, p. 32.

> Depois de Ibiapina, o diuturno convívio que um pouco atrás, Cícero desfrutava com o padre Inácio de Souza Rolim, modelar educador da juventude na Paraíba e, logo a seguir, com os padres lazaristas do Seminário de Fortaleza, figuras humanas de que não perdia ensejo de falar com grande apreço, tornou-se fator decisivo de sua inabalável decisão de se fazer padre.
>
> A tudo isso, conforme salientei, reúna-se a repercussão que tivera em sua alma cheia de idealismo, as então recentes aparições da Santíssima Virgem, em Lourdes, e as vidas santas de dom Bosco e do Cura d'Ars, que apenas tinham acabado de fechar os olhos à vida terrena e teremos um roteiro, para compreensão do impressionante zelo do padre Cícero, desde a alvorada do seu sagrado ministério.

Padre Azarias relata também o grande interesse que padre Cícero revelara, em sua época de estudante do seminário, de ficar horas seguidas na biblioteca lendo sobre a vida dos santos padres da Igreja. Seguindo as pegadas de padre João Maria Vianney, conhecido por Cura d'Ars, que realizou sua grande obra apostólica em um inexpressivo lugarejo da França, padre Cícero irá se radicar em Juazeiro, numa das capelanias mais desprovidas de recursos materiais e humanos da Diocese. Nos seus primeiros vinte anos de sacerdócio, tal como Cura d'Ars, dedicou-se inteiramente ao seu rebanho. Quase diariamente passava uma hora inteira, ensinando da tribuna sagrada o evangelho ou a teologia. Levava, também, de dez a doze horas, sentado no confessionário, onde conseguia frequentes conversões entre os que lhe procuravam.

Mais adiante, continua o padre Azarias[42]:

> Pois entre o padre Cícero e esse gigante da santidade houve, desde adolescência até a morte, impressionantes sinais de semelhança. Em um e no outro madrugou a tendência

42 Op. cit., 195 e 197.

> nunca esmorecida para a piedade, o gosto pela oração e o desejo de ser padre. Sentiam-se felizes desde meninos, quando podiam fugir para um recanto silencioso e assim lhes era possível desabafar o inato misticismo, entretendo-se em rezar sem serem vistos nem interrompidos por estranhos incapazes de compreendê-los. Já nessa época possuíam o espírito de camaradagem com os colegas de infância e particular afeto para com a Santíssima Virgem.
>
> ... Ambos faleceram após ligeira enfermidade e com a mais indiscutível lucidez, tendo, à frente de suas casas, uma incomputável multidão que, deplorando-lhe a perda insubstituível, dava-lhe na França o tratamento de mon pere (meu pai) e, no Brasil, o de meu padrinho. Aliás, padrinho nada mais significa do que papaizinho, ou aquele que faz às vezes de verdadeiro pai.

Isso demonstra o quanto foi intensa a identificação do adolescente Cícero com o chamado Cura d'Ars, suas vidas foram bastante parecidas. Padre Azarias relaciona também o padre Cícero com Antônio Conselheiro e frei Jerônimo:

> De Antônio Conselheiro teve o messianismo restaurador. Enquanto este suspirava pela volta do regime monárquico, enxergando na república um instrumento do anticristo, o padre Cícero era fascinado pela ideia de nova redenção da espécie humana, mediante o sacrifício sanguinolento da eucaristia, no seu amado Juazeiro.
>
> Como Antônio Conselheiro, ele se caracterizava pela austeridade monástica, o tom profético, a mansidão sem azedume, a certeza de sua carreira messiânica, a simplicidade de modos, o desprezo inicial dos bens de fortuna, o ascendente sobre as massas, o ardor guerreiro na defesa de sua gente.
>
> Que mais ainda? Tinha igualmente o fraco de se considerar perseguido, o pressentimento do próprio martírio, a ingênita irredutibilidade em seus propósitos e, em alto-relevo, a passividade complacente ante as multidões genuflexas, querendo enxergar nele um reflexo da divindade

"... De frei Jerônimo Savanarola herdou a coragem das próprias convicções; o empenho de reeditar, no Brasil, o fervor e a pureza da Igreja primitiva; o desejo ardente do martírio; a simplicidade da pregação. Herdou ainda os pendores políticos, tendo em mira a salvaguarda e o progresso de seu povo; a popularidade adquirida não à custa de lisonjas e sim em vista do seu espírito de sacrifício, de sua caridade, de sua franqueza em condenar a imoralidade e a opressão. Tinha dele, também, o aferro irredutível às próprias ideias, aferro esse que lhe parecia uma virtude primária, pois se havia persuadido de ser um sacerdote predestinado, extraordinariamente assistido pelo Altíssimo e vindo à luz no território americano, para formar um povo escolhido que realizasse o gigantesco sonho de José de Anchieta, com quem nunca deixou de ter flagrantes sinais de semelhança.

Sobre aspectos seus parecidos com Joana D'Arc, assim se expressa dom José de Medeiros Delgado no artigo inserido no semanário católico "A Fortaleza", de 10/03/1968:

A suspensão feita pela Igreja, como também, a condenação, não significam pronunciamentos infalíveis e sim medidas disciplinares. No caso de Juazeiro, as penas se tornaram muito mais severas em consequência da revolução de 1914, em que foi exageradamente envolvida a responsabilidade do padre Cícero. Nem mesmo essas penas representam juízo inapelável sobre as suas virtudes. Faz-se necessário ter diante dos olhos do espírito o que realmente esteve diante dos olhos do discutido sacerdote. Condenado e suspenso, ele se consolava recordando iguais provações que tinham padecidos grandes santos, como Santa Joana D'Arc que, depois de horrivelmente injustiçada, foi oficialmente reconhecida sem culpa e elevada às honras dos altares.

Sem passar pelo cadinho das provações, nossa virtude ficaria a meio caminho. A suspensão e a própria condenação de um justo podem ser apenas provas, logo depois seguidas de reconhecimento

> oficial de sua santidade, de sua perfeição no amor aos seus semelhantes, especialmente aos seus superiores que o tinham feito sofrer as agonias da morte moral, pensando que estavam cumprindo um dever sagrado.

Otacílio Anselmo nos fala da grande influência materna para a vocação religiosa do padre Cícero[43]:

> Em Cícero, porém, permaneceu a mesma linha de conduta que lhe imprimiram os cuidados maternos, numa afirmação do conceito de Augusto Bailly, biógrafo de Richelieu, segundo o qual, o que deixa na alma de uma criança sinais duradouros é a educação imediata, sob influência de sua mãe, quando ele é educado verdadeiramente por ela. E por ter recebido em cheio a influência de sua mãe, dona Quinô, Cícero preservou sua tendência adquirida pela vida sacerdotal. Essa inclinação – e não predestinação como assoalham os novelistas – deve ter sido estimulada também pelo seu parente, amigo e companheiro de bancos escolares, José Joaquim Teles Marrocos, cuja habilidade para especulações religiosas seria empregada a fundo na defesa do padre Cícero e da autenticidade dos falsos milagres de Maria de Araújo, criando o maior obstáculo às medidas do bispo dom Joaquim e à histórica decisão da Santa Fé.

Conforme fica claro, o citado autor foi um crítico implacável do padre Cícero e da beata Maria de Araújo.

O que parece se sobrelevar mais em relação ao tema das identificações psicológicas é a que padre Cícero fez inconscientemente com Cristo. Provavelmente, essa identificação com Cristo começou na fase de resolução do conflito edipiano (em tomo dos cinco anos de idade), quando o pai aparece aos olhos do menino como o todo-poderoso. O menino pode

43 *Padre Cícero, Mito e Realidade*, 1978, p. 24.

identificar esse todo-poderoso com Deus e se identifica ele próprio com Cristo, o filho amado do Criador. É lógico que uma identificação assim facilita a formação de um supereu muito autoexigente. Essa imagem do pai poderoso na infância irá cair no esquecimento, após o período edipiano em consequência da amnésia pós-edipiana que ocorre por volta dos cinco para os seis anos de idade. A identificação com Cristo se revelou em várias oportunidades e de diferentes maneiras, como por exemplo, no sonho que determinou sua fixação em Juazeiro em 1872, quando era ali apenas um paupérrimo povoado. Cristo aparece numa figura autoritária (na verdade uma projeção da consciência rigorosa do padre Cícero) e depois de ameaçar destruir o mundo devido às iniquidades do homem, olha para ele e diz: "E você Cícero, tome conta desse pobre povo e fique cuidando da sua salvação". É, como se pelo mecanismo de identificação, Cristo representasse essa parte um tanto autoritária do padre Cícero, seu supereu dando ordens ao "menino Cícero", seu eu. Neste sonho,Cristo representa o pai todo-poderoso da infância do padre.

Ao que parece, sentia-se um ser dotado de excepcionais poderes chegando mesmo a tentar ressuscitar pessoas aparentemente falecidas tal como Cristo fizera.

Transcreveremos dois trechos do livro do padre Azarias Sobreira[44]:

Pág.145:

> À proporção em que se escoavam os anos, foi se desenhando e crescendo nele a persuasão de que era um ente providencial, a princípio; mais tarde, uma espécie de profeta ou taumaturgo que talvez houvesse existido, na mente divina, desde os primórdios da humanidade. Fenômeno digno de especial registro: ao passo que ele se comprazia em moldar os sentimentos de quase um milhão de sertanejos que lhe obedeciam, ele, por sua vez, era sugestionado por essas massas numa chocante reversão de papéis.
>
> No começo, garoto de doze anos, a leitura da vida de São Francisco de Sales lhe meteu no coração o ideal de santidade.

44 *O Patriarca de Juazeiro*, 1969.

E, atraído pelo exemplo daquele imortal convertedor de hereges, fez voto de castidade perpétua e suspirou pelo sacerdócio católico. Tomou a peito a prática da mansidão, não perdendo de vista uma conduta piedosa e isenta de cuidados terrenos. Imitar Francisco de Sales era a sua aspiração, o bastante para fazê-lo feliz no caminho das renúncias que se traçara a si próprio.

Pág. 152:

Em 1905, tinha meus 11 anos quando fui testemunha de uma tentativa de ressurreição desoladoramente malograda.

Vizinho a meus pais acabara de falecer um distinto ancião, José Antônio Landim. Já estava para sair o féretro, quando Maroto, o único homem válido da família e genro do extinto, caiu fulminado por uma síncope cardíaca. Foi uma cena deveras constrangedora. A casa regurgitava de parentes e amigos que deploravam, inconsolavelmente, a sorte daquela família tão rudemente provada.

Chamado apressadamente, embora estivesse a uns trezentos metros de distância, o patriarca chegou com incrível rapidez e, depois de ter dado a absolvição à Maroto, passou a intimá-lo em nome de Jesus Cristo, a que acordasse para que continuasse tomando as responsabilidades de chefe de família pobre. Pelos modos, toda a assistência ficou na esperança de um milagre, ao mesmo tempo em que o padre, ardente de fé, repetia emocionado: – Maroto, acorde. Acorde. Pelo poder de Deus, fale e venha cuidar de sua família.

Resultado: em lugar do único enterro esperado, fizeram-se dois, um atrás do outro, porque Maroto nunca mais abriu os olhos.

Cena semelhante ocorreu em 1925 relativamente a Newton Craveiro, o aplaudido autor do livro "João Pergunta". No momento em que redigia, na *Gazeta de Juazeiro*, o artigo de combate à monsenhor Manoel Macedo, caiu fulminado nas mesmíssimas condições. E, como não houvesse ali perto outro padre que lhe viesse dar a derradeira absolvição, chamaram

> com urgência o padre Cícero; e este, com a mesma fé de vinte anos atrás, repetiu para Craveiro as mesmas exortações que fizera em favor de Maroto. Escusado é dizer que em pura perda.

Nertan Macedo no seu livro "O Padre e a Beata" observa agudamente[45]:

> Não escolhera Jesus na sua vinda ao mundo um lugar tão pobre como a Judeia? Por que não admitir o seu retorno a um lugar desconhecido do mundo, como aquele povoado do sertão, que se erguia à sombra dos pobres e dos místicos?
>
> Sim, Cristo nosso Senhor estava ali, vivo entre os vivos, na pessoa do padre, que tudo dava de seu aos que tinham fome e sede. O dinheiro lhe entrava por um bolso da batina e saía pelo outro. Imitava Jesus, caminhando pelos ermos, pregando a palavra de Deus: sempre cercado dos simples, dos ignorantes, dos humildes.

Realmente, no começo de seu sacerdócio em Juazeiro, em 1872 e até a sua suspensão de ordem (por volta de 1896) a sua vida foi de total desprendimento dos bens materiais, vivia para ajudar os desvalidos e converter os pecadores.

É provável que dessa identificação com Jesus Cristo proveio sua forte crença de que todo sangue aparecido em hóstias consagradas eram provenientes do próprio Cristo, ou seja, tal como acreditava nos milagres de Cristo, a sua poderosa fé o levava também a acreditar em seus próprios milagres. No livro citado de padre Azarias Sobreira[46], ele afirma: "A crença que ele trazia desde os bancos do seminário: que todo e qualquer sangue aparecido em hóstias consagradas só poderia ser o sangue de nosso Senhor Jesus Cristo."

45 *O Padre e a Beata*, p. 53.

46 *O Patriarca de Juazeiro*, 1969, p. 322.

Ao que nos parece, essa identificação com Cristo alcançou o máximo de intensidade na época da denominada "questão religiosa", por volta de 1889, quando aconteceram vários fenômenos paranormais, como por exemplo, ele ter visões ou ouvir vozes de Cristo. Bem provável, nessa fase, inconscientemente distorceu ou reprimiu alguns fatos, levado por aquela intensificação da identificação com Cristo. Isso certamente dificultou um entendimento com o intransigente bispo d. Joaquim. Outro exemplo histórico, de intensa identificação com Cristo, ocorreu com a mística Jacobina Maurer, durante a época do Império no Rio Grande do Sul, que dizia ser a reencarnação do próprio espírito de Cristo[47].

Assim, padre Cícero formou desde cedo, essa autoidealização de um "santo católico" e até chegar à vida adulta, por intermédio dessas fortes identificações precitadas, ela iria se acentuando. Realizou desde cedo em si mesmo, inconscientemente, o que o psicanalista H. Kohut chamou de estruturas supercompensatórias, o que lhe possibilitou enfrentar, com denodo, as adversidades que a vida lhe antepôs, como já referimos anteriormente. Provavelmente, teria conseguido realizar todas as condições exigidas para que se tornasse um "santo católico", se o destino não lhe tivesse levado para tão longe dos caminhos da Igreja Católica Apostólica Romana.

Neste capítulo sobre identificações, seria oportuno ressaltar a identificação inconsciente de padre Cícero com doutor Floro Bartolomeu. Só assim podemos explicar a grande ascendência de doutor Floro sobre ele, pois somente dizer que o médico usou o prestígio de padre Cícero para satisfazer suas ambições políticas, ou que, por outro lado, o sacerdote se apoiou em doutor Floro para ajudá-lo a recuperar suas ordens católicas, ou também, impedir a destruição de Juazeiro, são explicações válidas, mas insuficientes. Ao que parece, a autoridade que emanava de dr. Floro como médico, como também de seu temperamento resoluto e intrépido, provocou em padre Cícero uma regressão emocional: sentindo-se ameaçado

47 Diniz, Manoel. *Mistérios de Juazeiro*, p. VII.

e perseguido por autoridades religiosas e políticas, apoiava-se como um menino no médico (identificado com a figura paterna em seu inconsciente). O que certamente lhe dificultava se contrapor a muitas ações arbitrárias e até desumanas, que viriam a ser promovidas pelo médico e das quais o patriarca viria ser, também, no futuro responsabilizado.

7. FORMAÇÃO DA PERSONALIDADE ADULTA

À medida que os anos foram se acrescentando à sua vida, padre Cícero foi formando a personalidade com uma boa identidade de si mesmo. Seu maior desejo era se tornar um sacerdote católico e realmente conseguiu, desenvolvendo uma extraordinária produtividade notadamente no aspecto social. A dedicação aos seus ideais e a grande firmeza de sua personalidade lhe tornou muito produtivo. Assim, como também, a persistência na perseguição dos seus ideais iria manter sua autoestima em níveis elevados, mesmo nos momentos tormentosos de sua atribulada vida. Quando seu pai faleceu de uma epidemia de cólera que assolou a região, deixando a família em grande dificuldade financeira, ele tinha 18 anos de idade e estudava como aluno internado num conhecido educandário dirigido pelo padre Rolim na cidade de Cajazeiras, no estado da Paraíba. Padre Cícero viu-se ameaçado de renunciar à sua pretensão de se realizar como sacerdote católico, o que lhe causava imenso dissabor. Até que um dia teve uma visão de seu falecido pai lhe recomendando não abandonar os estudos. Do livro da autoria de Otacílio Anselmo, transcreveremos o seguinte trecho[48]:

48 *Padre Cícero, Mito e Realidade*. Ed. Civilização Brasileira, 1978, p. 25.

> Certa noite, enquanto meditava sobre o futuro, deitado ao fundo de uma rede, numa das salas de sua casa, ouviu passos que dirigiam para onde se achava. Então, olhando naquela direção, viu surgir a figura de seu falecido pai sob a luz tênue da lamparina. E dele ouviu estas palavras: "Cícero, não abandone seus livros! Continua, que Deus dará um jeito pra prosseguires nos teus estudos". Desaparecida a visão, Cícero comunicou o fato à sua mãe, resolvendo esta assumir a direção da família para que o filho continuasse os estudos.

Aquela fantasia onírica expressa bem a realização de seu intenso desejo de se tomar um sacerdote católico. Realizou esse desejo no seminário de Fortaleza, pertencente à diocese do Ceará.

Entretanto, em 1867, já próximo de concluir o seminário, o Conselho de Ordenação deu parecer desfavorável à mesma. Ao que parece, o reitor do seminário, padre Chevalier, atestou motivos materiais (ele não pagava que nem os outros) para afastá-lo. Na realidade, era acusado de teimosia por sustentar opiniões divergentes às dos professores (por exemplo: o sangue que aparecia nas hóstias consagradas em algumas épocas e em lugares distintos era do próprio Cristo, na opinião de padre Cícero, em contrário ao que pensavam os professores). O seu parente José Marrocos e amigo de infância fora afastado do seminário, segundo consta, pela prática de jansenismo, o qual adotava um certo rigorismo moral. Foi necessária a ajuda de seu padrinho, coronel Antônio Luiz, junto ao bispo do Ceará na época, dom Luiz, de quem era amigo, para que ele conseguisse concluir seus estudos.

No livro do padre Azarias Sobreira[49], encontramos:

49 *Patriarca de Juazeiro*. ed. Civilização Brasileira, 1969, p. 33.

> Entre outros aspectos de seu caráter e formação, a crer na inculcada leitura, Cícero Romão Batista, embora em plena maioridade, chegou a passar meses sem abeirar-se do banquete eucarístico, revelando tendência para subestimar a opinião de autores, ditos e havidos como merecedores de todo o acatamento.

Isso quer dizer que padre Cícero passou meses sem receber comunhão. E mais adiante prossegue o autor:

> ... O que bem se percebia pela sua vida afora, é que era essa sua ufania por excelência: ser sacerdote católico. E quem tivesse dúvida sobre essa particularidade encontraria a certeza lendo e meditando as primeiras declarações que se encontram em seu testamento.

Naquele documento ele diz:

> Como profissão adotei o Ministério Sacerdotal, de acordo com as ordens que me foram conferidas pelo então bispo do Ceará, dom Luiz Antônio dos Santos, de saudosa memória, exercendo-o, conforme minha vocação, com amor, dedicação, e boa vontade.

Posteriormente na mesma obra encontramos na pág. 37:

> Nas aulas de Teologia, vez por outra, o singular estudante batia-se com ardor por opinião que não era herética, mas era incontestavelmente ousada. E não raro discutia com o próprio professor, dando sinais de uma agudeza e vivacidade que permitia entrever a projeção daquelas tendências e o perigo de um futuro desvio, na hipótese de um dia apaixonar-se por uma ideologia extravagante.

> ... Ouve uma memorável aula de Teologia, em que se discutiu a natureza do sangue que, de longe em longe, tem aparecido na hóstia consagrada, notadamente nas dioceses de Orviedo e Sena, onde ainda hoje se presta solene culto a papéis e paninhos manchados com o portentoso sangue. Seria apenas o sangue miraculoso manifestado ao gênero humano com o fim precípuo de nos fortalecer na fé? Ou seria o próprio sangue do Redentor outra vez derramado pela salvação do mundo? Contrariamente à decisão do lente, Cícero esboçou, ardorosamente, o parecer que sustentava a identidade do sangue de Jesus Cristo. Foi debalde que o padre Chevalier invocou o clássico texto do Apóstolo São Paulo: "Cristo, uma vez ressuscitado dentre os mortos, já não morre". Aliás, deitar sangue é sintoma de morte, porque é sofrer fisicamente. A coisa assumiu tal feição que o reitor do seminário não se atreveu a apresentar o estudante em apreço para a recepção das ordens sacras. Semelhante responsabilidade foi assumida, não sei se integralmente, pelo bispo dom Luiz Antônio dos Santos, que naquilo não enxergou grande monta e consagrava, bem ao contrário, particular estima ao estudante impugnado.

Além dessa atitude de aparente teimosia naquelas aulas de Teologia, comentava-se no seminário que o jovem Cícero era capaz de alguns poderes extraordinários, como por exemplo: fizeram uma competição no mar para ver quem permaneceria mais tempo debaixo d'água. Todos voltaram à tona após alguns minutos, com exceção de Cícero, que não apareceu. Os companheiros ficaram alarmados e já iam anunciar seu falecimento quando o suposto afogado colocou a cabeça fora d'água e admirou-se da consternação deles. Dizia-se também que da praia ele era capaz de ler letreiros de navios ancorados no mar distante, cerca de meio quilômetro de onde estavam.

Outro aspecto importante da personalidade do sacerdote em formação era o desejo que alimentava de evangelizar pagãos das mais longínquas e pobres regiões da Ásia.

Foi persuadido pelo famoso jornalista João Brígido, amigo de sua família, a desistir da intenção conforme episódio já relatado anteriormente. Não tendo sido possível realizar o desejo de evangelizar pagãos no Oriente, volta suas energias para ajudar as pobres e esquecidas populações nordestinas.

De 1870 (ano de sua ordenação) até 1890 (época em que começaram os desentendimentos com o bispo), padre Cícero levou uma vida de extrema renúncia e dedicação ao próximo. Não cobrava nada pelos seus serviços e vivia da caridade alheia.

Meses após sua ordenação foi se estabelecer no paupérrimo povoado de Juazeiro do Norte, obedecendo ao sonho profético em que o próprio Cristo lhe aparecia e lhe ordenava para tomar conta daqueles miseráveis sertanejos, episódio já narrado em capítulo anterior. Com extrema paciência, mas, também, sabendo impor quando necessário, sua autoridade religiosa, padre Cícero cuidou com grande zelo daquelas populações desassistidas. Muita ignorância, doenças, maus costumes, grande pobreza foi o que encontrou naquele meio tão atrasado.

Conta-nos D. Amália Xavier de Oliveira[50]:

> ... Dava assistência às escolas, fazendo-se presente cada vez que era convidado para solucionar os casos de disciplina. Costumava chegar de surpresa e quando para corrigir os insubordinados precisava usar a palmatória, não se fazia de rogado, usava mesmo e os pais ainda agradeciam servindo-se do fato para lembrar aos filhos a palmatória de "seu Padre" como um bom remédio para conseguirem que os filhos obedecessem.
>
> Os professores por sua vez também ameaçavam os indisciplinados de mandar chamar "seu Padre" para uma visitazinha à escola e isso era suficiente par acalmar a turma dos turbulentos.

50 *O Padre Cícero que conheci*. ed. Henriqueta Galeno, 1974, p. 53.

Zelava diariamente pela melhoria dos costumes inculcando, em todos, o respeito ao próximo. Continua a citada autora:

> ...No seu zelo apostolar, saía muitas vezes à noite pelas imediações do arruado para ver o que estavam fazendo as ovelhas que naquele dia não haviam visto o pastor. Às vezes, lhe chegava a notícia de que estava havendo um samba em lugar mais afastado. Para lá se dirigia. Para dissolver a festa era bastante alguém mais esperto ao avistar o padre, gritasse para os outros: "Lá vem o seu padre". Corriam todos saindo em primeiro lugar os tocadores.
>
> ... Eram poucos habitantes, mas o padre cuidou de mandar preparar, ensinar diversos ofícios: pedreiros, carpinas, ferreiros, funileiros, marceneiros.

Sobre o padre Cícero dessa época, isto é, do começo de seu sacerdócio em Juazeiro, falou dom Luiz Antônio dos Santos que era seu bispo em Fortaleza, conforme o citado livro de dona Amália Xavier de Oliveira[51]:

> Suas atitudes desde que se ordenara, visavam, tão somente ao cumprimento austero de seus deveres sacerdotais, no trabalho de encaminhar as almas para Deus. Este conceito que sempre dele fizeram aqueles que privavam seu convívio desde as primícias de seu ministério, foi proclamado pelo primeiro bispo do Ceará, dom Luiz Antônio dos Santos, que presidiu sua ordenação em 30 de novembro de 1870 no Seminário de Fortaleza. Referindo-se ao padre Cícero, o saudoso bispo quando de sua permanência em Crato, lá pelos idos de 1872 para construir o seminário daquela cidade, disse estas palavras: "Desta mesma massa é que se fazem santos".

51 Op. cit., p. 60.

Já o segundo bispo do Ceará, dom Joaquim José Vieira, e principal responsável pelo seu afastamento das funções eclesiásticas, assim se expressou durante uma visita ao Cariri[52].

> Toda a sua existência vinha sendo enquadrada nesse plano de realizações, e só rendido pela evidência, foi que dom Joaquim José Vieira, segundo bispo do Ceará, austero e parco em elogios, disse a respeito do capelão do Juazeiro, depois da visita pastoral levada a efeito no sul do estado: "A virtude do padre Cícero enche todo o vale do Cariri".

Outra característica psicológica, ressaltada por alguns biógrafos do padre Cícero, foi certa ânsia de poder e domínio[53]:

> Quanto à concupiscência do poder, madrugou nele com a ordenação sacerdotal, e foi crescendo, dia após dia, numa subida ininterrupta até o crepúsculo vespertino de sua carreira. Natureza voluntariosa e dominadora, servida por excepcionais predicados de inteligência e simpatia, o ministério sacerdotal vivido inteiramente entre populações primitivas e crédulas, ofereceu-lhe campo mais fecundo à sua sede de autoridade.
>
> Instado pelo anseio que sentia de conquistar almas para Cristo tantas que pudessem compensar os claros abertos na Europa pelo filosofismo e pelas seitas protestantes, nada ele descobria de condenável na projeção de seu próprio nome, com tanto que daí resultasse aumento de prestígio para a Igreja em um novo mundo.

E mais, adiante na mesma página:

---

52 *Padre Azarias Sobreira*, op. cit, p. 59.

53 Op. cit., p. 60.

> ... Ia mais longe ainda. À proporção em que via generalizar-se o ódio que então se voltava ao sumo pontífice, ao tempo da tomada dos estados pontifícios, ocorrida exatamente no ano de sua ordenação sacerdotal e diante das leis de compressão e arrocho na consciência cristã, de que estava sendo palco a França, filha primogênita e fecunda da Igreja, crescia nele a vontade de morrer mártir, desfecho que lhe parecia naturalíssimo tanto para ele como para sua gente.
>
> Chegou mesmo, nos primeiros calamitosos anos da República, a deixar entender que seria martirizado no vizinho serrote do Horto a menos de meia légua de sua residência.

Embora mantendo o seu senso da realidade, padre Cícero desenvolveu acentuados traços de uma personalidade messiânica e provedora, a qual o povo nordestino recorria em seus momentos de crise e de ansiedade profunda em busca de ajuda, assim como numa necessidade de procurar se identificar com suas virtudes inquestionáveis ou com sua firmeza e serenidade de caráter.

O padre Azarias nos fala também que padre Cícero se comprazia em parecer entendido nos segredos dos corações e em grande sintonia com a divindade. Tinha o hábito de cerrar as pálpebras quando estava conversando e fazer cruzes com a cabeça, quando se encontrava em oração. Esse ato de fazer cruzes com a cabeça poderia ser uma compulsão, tipo uma defesa contra maus pensamentos.

Sobre a maneira de tratar jovial e alegremente as pessoas de um modo geral, falou padre Azarias[54]:

> Sem se afastar da gravidade própria de seu caráter de conselheiro, seu trato era dos mais atraentes com que já topamos. O homem culto como o homem do povo, o sexo fraco, como o

54 Op. cit., p. 88 e 97.

forte, o adulto como a criança, justos e pecadores, perto dele todos se sentiam felizes porque para todos tinha recursos adequados de conversação.

Ali o coração se apaziguava e o rancor cedia lugar a sentimentos humanitários.

Verdade é que o velho eclesiástico dominava a conversação, monopolizando-a.

Daí, talvez, a razão porque raramente fazia perguntas e só escutava, em silêncio, o tempo suficiente para retomar a palavra e discretear a seu modo.

Sobre sua tendência à credulidade e tolerância excessivas, assim fala padre Azarias[55]:

Entre 1890 e 1891 encontravam-se o patriarca hospedado no Crato em casa de Joaquim Secundo Chaves, como de praxe, e tinha acabado de dizer missa na Casa de Caridade. Ali, mal se desparamentara, defrontou-se com Henrique Fernandes Lopes, vulgo dr. Henrique e lhe foi dizendo tomado de entusiasmo: -"Sabe? Ontem mesmo um grande conflito se deu no Rio de Janeiro. Correu sangue, mas foi restaurada a Monarquia".

Dr. Henrique, ardoso imperialista, despede-se alvoroçado, talvez com planos de mandar soltar foguetes em regozijo, quando o Coronel Secundo, a quem, de passagem, transmitira tal notícia, deteve-o compelindo a esperar pelo padre Cícero que já não poderia tardar.

Logo que este chegou, Secundo tratou de saber, pormenorizadamente, a procedência de tão sensacional boato.

E a explicação única dada pelo Padre Cícero foi que uma piedosa serva de Deus ali residente, pessoa "incapaz de mentir", ainda pouco afirmava ter visto todo aquele drama sanguinolento numa espécie de visão...

"Escusado é lembrar que, naquelas paragens ainda não havia sequer uma estação telegráfica".

55 Op. cit, p. 96 a 158.

E, mais adiante:

> A fim de ajudar o futuro historiador a fazer um juízo mais objetivo do verdadeiro caráter do padre Cícero, relatarei agora um caso íntimo, de que estou plenamente inteirado e sobre cuja exatidão empenho a honra de minha palavra.
>
> No ano de 1920, apareceu em Juazeiro um jovem libanês, ainda mal saído da adolescência e que, dizendo ser ex-aluno dos missionários da terra santa, suplicava ao padre Cícero que o deixasse ficar morando em sua companhia. Benjamim Abraão, aí tem o seu nome. O patriarca exultou com o recém-chegado.
>
> ... sugestionada por uma série de circunstâncias, a beata Mocinha também filha adotiva do patriarca, gozando de irrestrita autoridade naquele lar e credora de inestimáveis serviços ao seu segundo pai, vai falar com este último e, desfeita em pranto, suplica-lhe de joelhos que mande embora o moço libanês. O velho sacerdote, no entanto, não obstante seus oitenta anos e o cansaço de seu regime de vida, a tudo se negou peremptoriamente:
>
> Não farei nunca uma tal coisa, disse ele, você pode estar mal informada. Quando Benjamim aqui chegou, eu o recebi de braços abertos e fiz dele um dos nossos. Havemos de ter paciência até que ele mesmo resolva sair. E não fique insistindo porque não nasci para fazer uma coisa dessas.

Isso porque, segundo consta, o jovem libanês havia cometido vários atos desabonadores de sua conduta.

Um dos principais motivos da grande ascendência do padre Cícero sobre as massas sertanejas foi, sem dúvida, a sua extraordinária capacidade de promover curas com orações, ervas, mezinhas etc. Nos dois bilhetes seguintes, o padre faz prescrições médicas aos seus afilhados: um foi escrito em 1929: "Meu afilhado Salviano... Faça cozimento de velame, puninha e batata de purga; tome uma xícara pela manhã e outra de noite"...

Noutro de 1930, ele diz: "Meu afilhado Manoel Vicente. Deus o guarde em saúde e paz com todos os seus. Tome o chá de batata, cávola e velame por muito tempo, de manhã e de noite..."

O padre Azarias nos cita um exemplo de cura[56]:

> Exemplifiquemos. Uma próxima parenta minha, casada de pouco tempo e isenta de qualquer fanatismo, encontrava-se havia diversas semanas sob terrífica impressão de desalento, quase desespero.
>
> Chorava sem consolo, dando forte impressão de estar em marcha para a loucura.
>
> Conduzida à presença do patriarca, este rezou com ela a popular oração de sua autoria; "Mãe de Deus e Mãe Nossa"; e depois, de lhe ter feito sobre a fronte o sinal da cruz, falou-lhe com solenidade: "Hoje se celebra na terra e no céu a festa da Imaculada Conceição de Nossa Senhora. É um dia em que Deus derrama graças de saúde e salvação para proporcionar alegria à sua Santa Mãe. Sendo assim, em nome de Jesus Cristo e para maior glória da Santíssima Virgem, você vai ficar boa".
>
> E a desconsolada mãe de família voltou para casa sem nada mais sentir até vinte anos depois quando, havendo perdido a idolatrada filha caçula, foi vítima de outra crise de nervos, mas de proporções muito menos alarmantes.

Padre Cícero atendia a todos paternalmente, com imenso desejo de realmente ajudá-los. Tornou-se grande conhecedor das propriedades medicinais da flora nordestina. Ouvia-os com paciência e lhes guardava os mais íntimos segredos.

Referindo-se ao seu grande espírito e gosto pela oração diz Padre Azarias[57]:

---

56 Op. cit., p. 111 e 120.

57 Op. cit., p. 199.

Se particularizarmos o espírito de oração, não sei de santo algum, em toda a história do cristianismo, que lhe possa levar vantagem, salvante como é natural os contemplativos. Já acentuei que, desde a longínqua data de sua ida para Juazeiro, consumia cerca de uma hora entre o começo e o fim de cada missa oficiada por ele, incluindo-se nesse espaço de tempo, os minutos tomados pela comunhão dos fiéis, que dia após dia aumentavam em fervor e em número também. Na cotidiana recitação do breviário, reza a tradição que não despendia menos de duas horas, quase o dobro do tempo ordinariamente consumido por seus colegas de classe no mencionado ofício, a que nenhum sacerdote conscienciosamente se nega pela existência afora.

Já o festejado autor Ralph Della Cava salienta a grande fé que os sertanejos tinham em padre Cícero[58]:

Embora o padre Cícero não fosse conhecido nem como líder de sociedade penitente, nem por seus dons da oratória, não resta dúvida de que o povo simples de Juazeiro sempre lhe atribuíra qualidades excepcionais de santidade e profecia. Ao lado do reconhecimento público das alegadas visões do clérigo, não se pode negar que até as suas ações mais ordinárias eram frequentemente tidas como sendo de inspiração sobrenatural. Quando em 1877 mandou para as terras devolutas do alto do Araripe muitas vítimas da seca que haviam fugido do sertão em busca do Vale, obrigando-as a plantar mandioca para aliviar a fome, depois os sobreviventes agradecidos atribuíram mais tarde sua salvação ao padre a quem consideravam um santo.

Nertan Macedo ressalta sua tendência para produzir fenômenos extraordinários[59]:

58 *Milagre em Juazeiro*. ed. Paz e Terra, 1976, p. 39.
59 *O Padre e a Beata*. ed. Rennes, 1981, p. 53.

> O padre tinha suas visões.
>
> Uma vez viajando ao meio-dia, viu, de repente, um espadarte investir contra uma baleia. Era no mar cinzento do sertão. De outra feita, antes da queda da monarquia, vira em sonho a deposição de D. Pedro II. Quando seminarista, costumava receber a visita de seu defunto pai. E como José do Egito, conhecia os dias de vacas magras e os tempos de abundância, a seca e a chuva.
>
> Sabia de campos ocultos, que davam as melhores colheitas e os melhores pastos para o gado.
>
> ... Era um milagre – e o povo assim entendia em sua palavra. E com o correr dos dias, o padre encarnava aos olhos daquela gente a reencarnação do Nosso Senhor Jesus Cristo.

Conforme vimos anteriormente, uma das identificações mais poderosas para formação de sua personalidade foi justamente com o Cristo.

Otacílio Anselmo, crítico acerbo do padre Cícero, em dois episódios reconhece, contudo, sua determinação e coragem[60]:

> Outro fato comprovador da violência inata do padre Cícero aconteceu nos primeiros dias do governo João Tomé (1916-1920). Por motivos ignorados, aquele presidente designou um oficial para Juazeiro com a incumbência de hostilizar o sacerdote. Lá chegado, o militar começou por intimidar amigos do poderoso chefe a comparecer à delegacia de polícia. Certo dia, numa hora em que se achava com a sala repleta de visitantes, o padre Cícero foi informado de que uma devota estava na delegacia sob coação. Eis então, como se portou o líder sertanejo (antes tão afável) ao tomar conhecimento do caso conforme testemunha presencial. O padre transfigurou-se. Ergueu-se brusco, pediu licença, empunhou o bordão, tomou do chapéu, pô-lo na cabeça dizendo: "Ninguém me acompanhe!" e saiu a passos largos e enérgicos.

60 *Padre Cícero, Mito e Realidade*, 1968, p. 170.

> Instantes depois, a multidão que se aglomerava em frente da repartição policial abria caminho para o sacerdote. Mas ele tomou a direção de uma das janelas e, dali mesmo, dirigiu-se peremptório e ameaçador ao delegado: "Ou eu ou o senhor no Juazeiro!" e acrescentou: "Eu não assumirei a responsabilidade do que venha a acontecer com o senhor de hoje em diante!".

Isto é, o padre externava sua indignação quando necessário, o que revela também que ele não era um indivíduo recalcado, incapaz de externar sua raiva. O seu desejo de agradar não era uma compulsão neurótica e, sim, muito mais, manifestação de sua autoexigência de servir ao próximo.

Mais adiante Otacílio Anselmo nos fala sobre o famoso episódio do assassinato do delegado Quintino cometido pelo famigerado cangaceiro Zé Pinheiro para vingar a morte de seu irmão (já mencionado anteriormente) e que padre Cícero agindo com grande destemor, impediu a profanação do cadáver de Quintino.

Outra prova do caráter destemido do padre Cícero foi sua decisão de morar em Juazeiro após ter sido suspenso de ordens pelo bispo dom Joaquim. Enfrentou forte pressão e ameaças de seus superiores hierárquicos que queriam afastá-lo daquela cidade.

Se definirmos a coragem como a capacidade de enfrentar o perigo e a morte antes do que repudiar seus ideais, então constatamos que padre Cícero a possuía em demasia. O psicanalista Heinz Kohut em seu ensaio intitulado "Sobre a coragem" de 1970 nos fala sobre mecanismos apoiadores da coragem:

> ...aos mecanismos apoiadores da coragem pertencem experiências, tais como escutar a voz de Deus ou ter visões em que Deus aparece ao herói... Algumas destas experiências são tradicionais e padronizadas, tais como "o chamado" de um Deus personificado,

> ouvido em ocasião e local específicos por aqueles que se dedicam a carreira de missionários.

Isso parece ter ocorrido com padre Cícero, que tinha suas visões e conversava com Cristo em ocasiões muito especiais, como as que aconteceram na época da "questão religiosa" sobre os supostos milagres das hóstias.

E assim padre Cícero levou sua vida de extrema dedicação ao próximo naquele ambiente rústico. Sua fama já atravessava os limites do povoado de Juazeiro, quando ocorreram os mencionados milagres das hóstias se transformando em sangue na boca da beata Maria de Araújo. Como já descrevemos, esses fenômenos foram erroneamente interpretados, tanto por padre Cícero como por dom Joaquim. Para padre Cícero, seria o precioso sangue de Cristo novamente derramado com o objetivo de manifestar outra redenção da humanidade em Juazeiro. O bispo acreditava apenas num embuste da beata. Ele faz então uma enorme pressão sobre a beata e o padre com o objetivo de desacreditar aqueles fenômenos, tidos como milagrosos por ambos. Como vimos, aquela pressão chegou a ponto de desencadear em padre Cícero ideias situacionais de perseguição, pois o padre permaneceu até o fim convicto da autenticidade daqueles milagres. Seria como se ele tivesse preferido, inconscientemente, sentir-se perseguido do que renegar os fenômenos que julgava autênticos. Em carta datada de 1914, anos depois da questão das hóstias ensanguentadas, escreveu para o seu colega padre Constantino Augusto. Ele revela sua atitude em favor da beata Maria de Araújo, recusando reconhecer publicamente que tinha sido enganado por ela, como foi lhe exigido pela autoridade eclesiástica, já que a julgava inteiramente inocente:

> Porém, o senhor bispo exigiu de mim mais do que dos outros... me desdizendo e ainda mais que caluniasse a pobre e inocente Maria de Araújo, que ela tinha me enganado ou outras desordens que houvesse feito. Isto é um absurdo que eu

> nunca sequer pensei que o Sr. Bispo se lembrasse de me exigir um tão grande crime.

Na realidade, o que parece ter acontecido é que tanto o padre quanto a beata eram pessoas dotadas de grande facilidade de produzir fenômenos paranormais em determinadas circunstâncias, como aquelas ocorridas em 1889: ameaça de seca provocando grande ansiedade, jejum prolongado, exaltação mística e uma poderosa fé religiosa. Como vimos, o padre acabou suspenso de suas ordens.

A beata Maria de Araújo, a julgar pelas suas respostas, a primeira comissão de inquérito em 1891, era, aparentemente, uma pessoa simples, porém, denotava traços de uma megalomania mística, por exemplo, achava-se preparada pelo próprio Jesus Cristo para uma grande missão na terra; julgava-se capaz do poder de bilocação; entrava em estado de êxtase frequentemente quando então se comunicava com Jesus Cristo e que pedia-lhe para vivenciar os sofrimentos de sua paixão. É interessante assinalar que ela apresentava, em determinadas situações de êxtase, os estigmas da paixão de Cristo, fato esse testemunhado por várias pessoas fidedignas. Esse extraordinário fenômeno tem sido assinalado na história da vida de várias pessoas santas ou místicas. Ao que parece, o ambiente onde se vivia em Juazeiro, por volta de 1890, era de um intenso misticismo, provocado em boa parte, como reação à ameaça de outra terrível seca, como já ocorrera em 1877. Isso facilitava a eclosão de espetaculares fenômenos paranormais em pessoas predispostas como padre Cícero, a beata Maria de Araújo e também em outras beatas, de acordo com o relato da comissão de inquérito. A beata Maria de Araújo demonstrava também o dom da profecia e recebia revelação de Nossa Senhora, cujo tom era frequentemente ameaçador e autoritário como esta:

"O meu divino filho quer castigar os homens, acabando com o mundo e por mais que eu ore em favor deste mundo, respondeu-me que já não pode mais, que já se vê obrigado a castigar a humanidade".

Os seus relatos são frequentemente de intensa dramaticidade. É interessante se observar que quando os milagres das hóstias começaram, a beata Maria de Araújo havia passado a noite em claro, rezando, em jejum prolongado, conforme relato do padre Cícero ao bispo. Nesses estados de exaustão física e emocional, o aparecimento desses fenômenos é muito facilitado e tende a ocorrer cada vez mais facilmente.

O padre passaria o resto de sua vida tentando retornar, em vão, às suas funções eclesiásticas. Era como se a própria mãe lhe estivesse injustamente rejeitando (a Igreja como substituta inconsciente da mãe). Era algo que lhe era muito difícil de aceitar. Apelou para Roma, foi falar com o Papa, porém tudo se tornou debalde. A rígida estrutura da Igreja Católica, de sua época, não lhe permitiu uma verdadeira chance de reabilitação. Ele chegou ao cúmulo de ser excomungado pela Igreja que ele tanto amou e em nome da qual dedicou sua vida inteira a ajudar ao próximo, no caso, o nordestino. O prof. Eduardo Hoornaert, no prefácio ao livro de Maria Conceição Lopes Campina[61], ressalta seu espírito de caridade:

> O que brilha na figura do padre Cícero é a caridade e acreditamos que foi esse brilho que atraiu os pobres e os "fanatizou". Aqui estamos diante de uma práxis fundamentalmente evangélica, encaixada num conjunto doutrinário dos mais tradicionais.

O povo, no entanto, jamais lhe abandonou e as romarias ao Juazeiro se tornaram maiores e mais frequentes. Padre Cícero passou a recebê-los em sua casa, onde os aconselhava para solução de todo tipo de problema, rezava o rosário com eles e por fim dava-lhes sua bênção. Sua vida, a partir dessa época foi em ascensão até tomar-se uma grande e ímpar liderança social e religiosa no Nordeste.

61 *Voz do Padre Cícero*. Ed. Paulina, 1985, p. 174.

Padre Cícero sofreria, ainda, como já foi mencionado, certa descompensação psicológica, por ocasião do processo que resultou na suspensão de suas ordens. Sentiu-se, com alguma razão, perseguido e ameaçado por dom Joaquim, seu bispo na direção da diocese naquele tempo. Na realidade ocorreria como já foi comentado antes, uma reativação do complexo emocional em relação à figura do pai, internalizada na infância. Por sorte, viajou para Roma por essa época. O afastamento do seu suposto perseguidor aliviou-lhe a ansiedade e lhe foi possível, novamente, se equilibrar emocionalmente. De acordo com o que já vimos, aquela descompensação psicológica deveu-se principalmente à reativação de seus anseios passivos e de hostilidade que foram recalcados em relação à figura do pai na infância, que dom Joaquim com sua atitude intransigente provocou. Como vimos, o consciencioso padre não aceitava aqueles desejos hostis em si, então ele os projetava, inconscientemente, no bispo. Aconteceu como se ele dissesse para si mesmo: não sou eu que lhe odeia e sim ele que me tem ódio.Contudo, para se ter uma ideia da opinião de d. Joaquim sobre o padre Cícero, iremos transcrever um trecho de uma carta enviada em agosto de 1895 para o Internúncio Católico:

> ... Este sacerdote que é algo tão desequilibrado, tem se deixado conduzir por José Joaquim Teles de Marrocos, antigo seminarista expulso, homem astucioso, que procura sempre perturbar a paz religiosa na Diocese. Se o padre obedecer ao chamado e for a Roma, o santo Ofício verá que se trata de um homem desequilibrado. Se não obedecer, ficará reconhecida a sua rebeldia e contumácia no erro.

Se por acaso padre Cícero tivesse sucumbido ao distúrbio mental, certamente não teria conseguido realizar aqueles ideais de santidade que lhe eram tão caros. Provavelmente, padre

Cícero esteve à beira do colapso mental naquela época, contudo, conseguiu posteriormente se equilibrar apesar das inúmeras dificuldades que ainda teria de enfrentar. Em uma carta escrita de Roma e datada de 13 de setembro de 1898 revela seu aflitivo estado de espírito naquela fase: "A calúnia, com audácia e autoridade, moveu uma perseguição que deu a morte a Jesus Cristo, quanto mais a mim".

Em outra carta datada de anos depois da questão dos milagres eucarísticos, em novembro de 1914, padre Cícero expressa:

> ...No espírito dos Senhores Bispos, que ouviam ao d. Joaquim, que os impressionou, tanto contra mim, que não sei como formava a consciência para imaginar e dizer até em portaria e escritos, crimes e culpas que nunca as tive, criaram tantas prevenções contra mim que perdi a liberdade de comunicação com eles, sabendo que não me veem como sou, mas como o Sr. d. Joaquim os persuadiu e propagou. E tomei o propósito desde o começo desta enorme perseguição contra mim de entregar tudo a Deus e a Nossa Senhora das Dores...

Outro aspecto que vale ressaltar no padre Cícero foi a sua grande capacidade de sublimar as energias sexuais para metas mais espirituais de realização mística. Segundo a Psicanálise, a capacidade de sublimação é variável de pessoa a pessoa. Em padre Cícero, aquela capacidade foi realmente notável, a ponto de ele parecer aos seus contemporâneos uma pessoa assexuada.

Padre Cícero morreria somente aos 90 anos de idade, apesar de sua saúde há muito tempo relativamente precária. É provável que sua obstinada atitude de buscar sempre realizar o ideal do eu, manteve sua autoestima elevada, mesmo enfrentando através da vida muita incompreensão, injustiça e até terríveis ameaças, como por exemplo, a destruição do seu querido Juazeiro, excomunhão da Igreja Católica e outros. Cumprir sua autoidealização de santidade, provavelmente lhe ajudou a conseguir aquela longevidade. Vivia em relativa paz consigo mesmo, apesar dos problemas externos que ocorreram ao longo de sua vida. Seus últimos anos parecem transcorridos em estado de relativo equilíbrio narcísico, em paz com sua consciência e seus ideais de santidade. A dedicação e o carinho que seus devotos lhe dedicavam alimentavam seu eu, além de conciliá-lo com seu exigente ideal do eu, como também, mantinha-lhe a autoestima elevada, como já se disse. O povo nordestino não lhe decepcionou, afluía maciçamente em busca de sua palavra amiga, seus bons conselhos e sua proteção espiritual.

O episódio com o Benjamim Abraão já referido anteriormente de uma citação do padre Azarias Sobreira em que a beata Mocinha, a governante da casa, insiste para que o padre o expulse da moradia em virtude de seu mau comportamento, exemplifica seu alto grau de tolerância e compreensão que adquiriu com a idade.

A fé em padre Cícero se propalou rapidamente por todo o imenso Nordeste brasileiro e até em outras regiões do país. Quando faleceu em 20 de junho de 1934, o número de seus devotos já atingia a casa dos milhões. Juazeiro iria se tornar um dos maiores centros de romaria do Brasil. Calcula-se em mais de dois milhões o número de fiéis que visitam anualmente aquela cidade.

CONSIDERAÇÕES FINAIS

Padre Cícero formou desde cedo sua identidade de homem religioso cujo supereu lhe autoexigia, conscientemente, a realização de altos ideais de espiritualidade e até de santidade. Contudo, ao que parece, ajudou tanto aos necessitados que, por outro lado, foi tão ajudado por eles que conseguiu transcender os limites estreitos de sua individualidade: sentia-se responsável por aquela pobre gente nordestina, alegrava-se com o seu contentamento e entristecia-se com a sua dor; de certo modo, tornara-se uno com eles.

É tanto mais notável a imensa obra apostolar e social do padre Cícero, quando verificamos que ele realizou-a quase sozinho, apenas ajudado por alguns dedicados amigos e, principalmente, pelo povo que lhe apoiava irrestritamente. Travou uma luta quase solitária contra a ignorância e a miséria que grassava no meio nordestino. Por outro lado, recebeu também uma imensa ajuda não só material, como psicológica e espiritual daquele sofrido povo. Em consequência de sua opção espiritual, não teve o amor de uma companheira para apoiá-lo ou tranquilizá-lo no decorrer de sua atribulada existência. Suas realizações foram principalmente produtos de seu bem estruturado ideal do eu. O romeiro por meio de seu afeto e dedicação ao padre ajudou-o muito na transformação daquelas ilusões de santidade de outrora, oriundas do amor narcísico em um amor mais maduro e consequente dos anos posteriores. É como se do grande amor imaturo por si mesmo, tivesse também se constituído um notável amor pelo próximo. O povo tornou-se então o objeto e o grande beneficiário de seu amor. Por exemplo, numa carta ao bispo d. Joaquim de 1889 falando sobre a seca que novamente ameaçava, ele diz:

> ...E como posso ver esse pobre povinho que amo tanto,como parte de minha alma, desaparecer? Pesa-me mais do que a morte,ou antes,morro por cada um ...

O que mobiliza a sociedade no sentido do seu desenvolvimento e evolução é o surgimento de indivíduos criadores na religião, na filosofia, nas artes, e nas ciências relacionadas ao homem de um modo geral. Padre Cícero foi um líder assim, com o qual as pessoas se identificavam e se sentiam ajudadas para a promoção de sua autorrealização e, também, para a superação dos seus imensos entraves psicológicos e sociais daquela época atrasada.

Ele tinha um alto grau, essa qualidade extraordinária de ser capaz de trazer esperança às pessoas. O padre se preocupava deveras com a mais ínfima das criaturas que dele se aproximasse. A todos ajudava materialmente na medida do possível, dava-lhes o conforto da religião e deixava plantada uma semente de esperança no futuro em seus corações.

Com sua personalidade forte, determinada, com o sentimento interior da própria grandeza, ele, inconscientemente, não deixava em seus romeiros espaço para muitas dúvidas a respeito de sua missão. Tornou-se um líder idealizável daqueles que as pessoas dão a vida por ele, como de fato o fizeram, por ocasião da chamada "Sedição de Juazeiro", quando nordestinos de todos os quadrantes acorreram ao Juazeiro para defender, a qualquer preço, seu querido "Padim Ciço".

Como já dissemos, padre Cícero conseguiu transformar, através dos anos, aquele amor narcísico e imaturo por si mesmo no sentido da perfeita santidade em um produtivo amor ao próximo, principalmente, para os miseráveis e infelizes romeiros que diariamente batiam à sua porta. Suas últimas palavras foram dirigidas para eles: "No céu pedirei a Deus por vocês todos".

De acordo com o que já salientamos na Introdução, o psicanalista Heinz Kohut em seu ensaio "Formas e Transformações do Narcisismo", demonstra critérios que servem para avaliar o crescimento e as mudanças ocorridas numa personalidade histórica, tais como o humor, a empatia, a criatividade e a sabedoria. Elas seriam originárias da libido narcísica (o amor por si mesmo, isto é, o amor por seu ideal do eu). Essas qualidades foram se acentuando em padre Cícero com o decorrer dos anos. Tornou-se um velhinho, embora sério, bastante bem-humorado, com grande capacidade de empatia para com todos que os que lhe procuravam, imaginava todos os tipos de soluções para os inúmeros problemas de seus romeiros e era suficientemente sábio para, mesmo expulso da sua venerada Igreja, não se acomodar e continuar a luta por seus ideais, auxiliado por seu povo. Seu amadurecimento emocional o ajudou muito a não mais recair naquela descompensação psicológica de outrora por ocasião da dita "questão religiosa" com o bispo dom Joaquim. O seu afastamento da Igreja Católica, naquele período de instabilidade emocional, parece ter tido esse aspecto positivo do ponto de vista psicológico: o padre ficou livre de uma autoridade imediata que, porventura, pudesse ser injusta e exigente para com ele. Isso poderia, talvez, ter reativado novamente a passividade e a hostilidade recalcada em relação à figura do pai da infância (conforme já relatamos, o padre provavelmente nunca expressou a emoção de raiva em relação ao pai, pelo menos aparentemente. Ela parece que foi quase totalmente reprimida para o seu inconsciente). É claro que, posteriormente, ele teria não só suportado bem, como também, adorado ser readmitido no seio da Igreja Católica. Nada lhe teria dado mais alegria. A Psicanálise nos ensina que somos muito mais governados por aquelas forças inconscientes do que gostamos de admitir. Apesar de tudo, nos parece relevante que padre Cícero tenha conseguido manter seu equilíbrio emocional e lucidez mesmo na extrema velhice de seus últimos anos de vida.

Provavelmente, seu sadio bom humor, oriundo do seu narcisismo sublimado, o ajudou a proteger-se de novas reações paranoides, como aquela que teve em relação a d. Joaquim, não obstante sua tormentosa existência posterior. Reações paranoides são estados emocionais com vivência de se sentir perseguido, mas que são compreensíveis por fatores dentro da própria realidade e tendem a ser transitórias, o que é diferente de psicose paranoica, da qual já se acusou o padre Cícero, que é baseada em uma ideia delirante sem muitos fundamentos reais e de não bom prognóstico. De acordo com o que já relatamos, a atitude intransigente do bispo dom Joaquim em relação aos supostos milagres das hóstias, fez deflagrar em padre Cícero uma reação paranoide daquelas. Segundo Freud, frequentemente essas reações de perseguição que ocorrem entre pessoas do mesmo sexo, são precedidas por um período de grande afeição entre ambos, o que provavelmente parece ter ocorrido entre padre Cícero e d. Joaquim. É como se a antiga afeição tivesse se transformado em desconfiança e ódio. Ao que parece, d. Joaquim também demonstrou um comportamento um tanto paranoide para com padre Cícero. Ele procurou ardilosamente desacreditar o padre perante as autoridades eclesiásticas de Roma. Isto depois de já ter afirmado que a virtude de padre Cícero enchia todo vale do Cariri. Por seu lado, o padre sentia-se muito oprimido pelo bispo, em 31 de janeiro de 1895, ele escreve da cidade do Icó para a irmã:

"O bispo mandou ameaçar o padre Antero de suspensão. Não sei até quando irá tanta opressão".

Heinz Kohut falando das relações psicológicas entre os grandes líderes e as pessoas lideradas nos diz[62]:

> ... É ameaçado de desintegração (o Eu ou Self) e passa, frequentemente, por fases de fragmentação ao final da adolescência e começo da vida adulta; depois se reúne a si mesmo com um conjunto de ideias criativas que acontece se ajustarem às necessidades globais do grupo. Ele e o grupo, então, tornam-se objetos do self um do outro. Vêm a formar uma unidade que é empolgante e cheia de vitalidade. O self que se fragmentara encaixa de novo firmemente no lugar. É por experiências como esta que as pessoas alegremente dão a vida.

Uma experiência dessas parece ter acontecido com padre Cícero por ocasião da referida "questão religiosa", embora ele já tivesse próximo da meia-idade, ou seja, sofreu tardiamente aqueles fenômenos que seriam mais próprios do começo da idade adulta. Erik Erickson, autor de "Infância e Sociedade", chamou de processo de identificação protraída ou moratória a ocorrência de certo atraso no amadurecimento emocional de alguns aspectos da personalidade e os atribuiu, particularmente, a pessoas muito criativas, o que provavelmente ocorreu com o padre. Emergiu padre Cícero da tormentosa crise religiosa com a personalidade integrada e perfeitamente identificada com os ideais de seu povo, formando aquela unidade empolgante e viva a que o autor se refere. Entretanto, não deveríamos deixar de mencionar, além daquele valor apoiador que o padre recebia de seu povo, também, o que ele recebia da religião. Autores psicanalíticos mais modernos valorizam muito o valor apoiador do sentimento religioso. Padre Cícero foi uma pessoa dotada de uma profunda fé religiosa, a qual ele exercitava diariamente por meio de horas de oração e recolhimento. Esse exercício espiritual diário certamente que lhe proporcionava

62 *Psicologia do Self e Cultura Humana*. Ed. Artes Lúcidas, 1988, p. 231.

grande segurança emocional, bem como fortalecia seu já robusto autodomínio.

Após a angustiante "questão religiosa" em torno dos supostos milagres das hóstias houve, ao que parece, uma certa estabilização emocional de padre Cícero, tornando-se ele totalmente dedicado a cuidar de seu crescente rebanho, constituído por romeiros que aos milhares afluíram para Juazeiro. Muitos ficaram residindo definitivamente lá. O padre pôde cuidar também do desenvolvimento mais estável de sua própria espiritualidade. Apesar dos percalços que sofreu com as consequências da crise religiosa com clero do seu tempo, houve aspectos positivos para a personalidade de padre Cícero. Provavelmente, o mais importante foi fazê-lo cair melhor na realidade. Esta adaptação ao mundo real é um dos aprendizados mais difíceis que o eu enfrenta na vida. Muitos não conseguem e vivem no mundo da fantasia, dos sonhos e dos delírios.

Em uma carta escrita em 23 de outubro de 1914, portanto já aos setenta anos, padre Cícero expressa com sabedoria, seu pensamento:

> Como estou certo que vamos todos para a eternidade e lá serão recompensados os que sofrem as injustiças do mundo, e eu, já velho como estou, me conformo e não me incomodo mais com as injustiças desse mundo. Tudo fica aí e nós vamos como Deus ver quem somos. Perdoo a todos que talvez façam essas coisas entendendo que estão fazendo o bem. Nosso Senhor os salve junto comigo no céu.

Em duas outras cartas já aos 85 anos de idade ele escreve: "Rezem em espírito de Fé e de Verdade como Deus manda e com certeza Ele nos livra e nos guarda como seus filhos".

Ou então: "Com sua família reze todos os dias o Santo Rosário se entregando a Deus e a Santíssima Virgem para lhe guiar e governar nesta e na outra vida".

Não se pode compreender, com clareza, a vida de padre Cícero se não se levar em conta o seu acendrado amor ao Juazeiro. Sentia-se como se fosse uma tarefa que lhe impusera o próprio Jesus Cristo, conforme aquele já relatado sonho profético, em que Cristo ordena ao padre para que tomasse conta daquela pobre gente sertaneja. Numa carta escrita em Roma no ano de 1898 dirigida ao papa em que ele pede para regressar ao Juazeiro, assim se expressa sobre sua cidade:

> Fui por decreto de 10 de fevereiro de 1897 obrigado a deixar o Juazeiro que é uma grande população de pobres, doentes e desvalidos, onde há 25 anos tenho sido seu único sacerdote e servindo de arrimo em toda a sua necessidade.

Por seu amor a Juazeiro, por se sentir responsável pelo seu povo, desobedeceu a ordens superiores que lhe proibiam de residir lá e chegou ao ponto de ser excomungado pela Igreja Católica de sua época. Supomos que dificilmente se poderia imaginar maior castigo para ele do que essa comunhão. Por aquele amor ao Juazeiro ingressou na política, que como ele declara em seu testamento, se sentiu obrigado a isso para evitar disputas entre pretendentes ao cargo de prefeito. Certamente, sofreu grande receio que destruíssem Juazeiro tal como fizeram na cidade de Canudos de Antônio Conselheiro. Aliás, o governo realmente tentou invadir Juazeiro no começo da "Sedição dos Romeiros", conforme já descrevemos na parte histórica deste trabalho. Com o avançar da idade, parece que aquela preocupação com os desvalidos de sua terra, vai tomando também um caráter universal. É como se os ideais narcísicos de santidade da juventude fossem se transformando em autênticos ideais humanitários, o que chegaram, ao ponto de ele se preocupar com povos que sofriam injustiças e perseguições, mesmo nos mais distantes lugares, como aconteceu com os judeus na Rússia de 1906. Ele escreve então ao cônsul da Rússia em Fortaleza:

> Não vos é desconhecido, senhor Cônsul, a perseguição que vitima na Rússia os nobres descendentes de Israel e de Judá. Onde quer que chegue a notícia dos seus sofrimentos, não pode deixar de contristar

> o coração humano e de interessá-lo pela sua sorte... Exmo Sr. Cônsul é esse espírito de fraternidade que vos peço, faça valer em favor deles nas suas crises dolorosíssimas que se espalha na Rússia como se fossem cães sem dono.

Assim, também, é a preocupação que ele manifesta pela eclosão da Primeira Guerra Mundial, quando redige em francês um telegrama ao papa suplicando que ele usasse sua autoridade junto aos governos para impedir a mortandade que se avizinhava.

Após sua suspensão de ordem, ele ficaria sem fonte de sustento, não fosse o povo que lhe ajudava. Contudo, sua fama de milagreiro já corria os sertões nordestinos. Recebia muitos donativos e presentes, às vezes, caros, com os quais ajudava os necessitados. Embora tenha acumulado razoável fortuna que legou em testamento, em sua maior parte, aos Salesianos com a finalidade de construírem colégios em Juazeiro, ele sempre levou uma vida simples e se alimentava frugalmente. É interessante assinalar que padre Cícero não só recebia e distribuía valores, como também, ele próprio foi um grande produtor de bens materiais, conseguindo aliar a sua acentuada espiritualidade, também certo espírito prático. Um exemplo ocorreu quando em 1912 resolveu concorrer ao prêmio oferecido pelo Governo Federal aos plantadores de maniçoba da qual se extraía borracha. Escreveu então ao Deputado Federal pela Paraíba, dr. João Maximiano de Figueiredo a seguinte carta donde retiramos alguns trechos:

> ...Ainda uma vez vou abusar de sua bondade, pedindo-lhe o seguinte: tendo o governo criado um prêmio para os lavradores de maniçoba, e eu possuindo um grande plantio na Serra do Araripe, que custeio com grandes esforços, resolvi em cumprimento a esta lei criada tentar obtê-lo... E por minha vez, peço que me ajude como puder nessa minha pretensão. Bem sei que tais negócios dão melhores resultados muito mais pelo empenho que se consegue, do que pelo direito que se possui, e por isso mesmo é que a despeito de ser um sócio da Sociedade de Agricultura, peço-lhe por obséquio me auxiliar o quanto puder ...

Não obstante ele ter produzido relativas riquezas, o padre passou por fases de grandes necessidades financeiras, notadamente em Roma em 1898, quando para lá foi se avistar com o papa. Escreveu nessa época ao seu colega padre Fernandes, na qual dizia: "... Estou em uma condição apertadíssima...".

A questão em torno dos fenômenos das hóstias se transformando em sangue na boca da beata Maria de Araújo foi decisiva no desenrolar da vida de padre Cícero. Como já escrevemos, o bispo d. Joaquim os atribuiu a embuste da beata. Supomos que atualmente muito poucas pessoas ainda possam acreditar nessa afirmação de fraude por parte da beata.

Recentemente, uma nova ciência vem se afirmando e trazendo, também, novas luzes para a explicação daqueles fenômenos. Trata-se da Parapsicologia. A partir dos estudos pioneiros de J. D. Rhine na Universidade de Duke, estado da Carolina do Norte, nos Estados Unidos, em torno de 1930, aqueles fenômenos passaram a ter comprovação científica. Infelizmente, essas ocorrências parapsicológicas são muito caprichosas, espontâneas e até imprevisíveis, o que dificulta o seu estudo científico em condições laboratoriais, contudo, os estudiosos têm conseguido relevantes progressos para compreendê-los.

Ao que parece, a beata Maria de Araújo, como consequência de sua vida de renúncia aos prazeres mundanos, muita oração e muita dedicação à vida religiosa de um modo geral, desenvolveu uma extraordinária capacidade de se alçar a um estado de consciência muito alterado ao que poderíamos chamar de estado de êxtase, no qual podem ocorrer excepcionais fenômenos paranormais. Nesse estado de êxtase, por exemplo, ela referiu que Jesus Cristo lhe aparecera várias vezes falando que o sangue manifestado nas hóstias originara-se dele mesmo, Cristo. Posteriormente, ocorreram-lhe, também, os estigmas. Esses extraordinários estigmas da Paixão de Cristo têm sido relatados, também, nas vidas de numerosos religiosos, e de pessoas santificadas, desde a época de São Francisco que também os manifestava. Os opositores de padre Cícero referem que a beata era franzina, mal-nutrida, e que tinha alguma tendência hemorrágica (talvez lhe faltasse vitamina K ou outros elementos). Seria o que se chama diátese hemorrágica em Hematologia. Mesmo assim nós supomos que esse fator seja apenas secundário para explicar aqueles fenômenos.

Características histéricas não só nos fenômenos como também na personalidade de Maria de Araújo são bastante marcantes nos relatos sobre ela. É interessante observar que as pessoas com essas características dramáticas e histeriformes são frequentemente dotadas de grande capacidade de plasticidade, ou seja, facilmente convertem as emoções em fenômenos de expressão física. A beata Maria de Araújo conseguia transformar a hóstia ensanguentada dando-lhe um formato de coração, simbolizando a imensa devoção de amor que estava possuída por Jesus Cristo, com o qual celebrou o consórcio espiritual na Igreja do Santíssimo Sacramento oficializada por padre Cícero de acordo com carta deste ao bispo d. Joaquim.

Segundo a Parapsicologia, aconteceu como se a beata penetrando num estado muito alterado de consciência, emitisse ondas da energia extranormal chamadas de telergia, capazes de promover a dilatação e exsudação sanguínea da língua da beata por meio de minúsculas lesões para a hóstia, e logo em seguida, isto é, instantaneamente, ocorre a cicatrização e desaparecimento dessas lesões. Fato parecido acontece com os chamados milagres das estátuas de Nossa Senhora que aparecem chorando ou derramando sangue, no qual o indivíduo dotado de poderes paranormais exterioriza sua telergia em forma modelável e condensável como se fossem lágrimas ou sangue, projetando nas estátuas, a qual ele posteriormente reabsorve totalmente. Esse fenômeno é fotografável. Esses prodígios se classificam em Parapsicologia com o nome de PIS-kapa. São fenômenos de expressão física resultantes da manifestação da mente sobre a matéria. No atestado emitido pelo médico Marcos Madeira sobre esse extraordinário acontecimento que ele foi convidado a examinar no dia 26 de março de 1891, encontramos a evidência da formação de uma ulceração na língua da beata junto à hóstia, que desapareceu rapidamente, sem deixar vestígios. O Prof. Alexis Carrel, prêmio Nobel de

Medicina em 1972, presenciou e deixou seu depoimento sobre cicatrizações instantâneas no Santuário de Lourdes[63].

Essas ocorrências paranormais para se manifestarem exigem um ambiente propício, uma atitude favorável de circunstantes e o estado espontâneo do indivíduo superdotado. No episódio da Segunda Comissão de Inquérito que estava, provavelmente, devidamente instruída para desmascarar a pobre beata, seria quase impossível o fenômeno se manifestar. O padre Alexandrino Alencar, que presidiu inquérito com a atitude inquisitorial, obrigou a beata a comungar sem fechar a boca, colocar o véu etc. Certamente, nessas condições adversas, ela não conseguiu concentrar-se adequadamente e nem tampouco submergir em êxtase místico. O relatório da Segunda Comissão de Inquérito foi totalmente desfavorável e levou ao descrédito sobre a autenticidade daqueles acontecimentos. Esta conclusão acentuou a descrença de d. Joaquim na sobrenaturalidade daqueles fenômenos, ele os atribui a fraude da beata. Ali nasceria a crescente marginalização de padre Cícero em relação à Igreja Católica.

Esses fenômenos têm recebido na Parapsicologia a denominação geral de aportes. Recentemente têm ocorrido vários fenômenos em estátuas de Nossa Senhora, ou estátuas de Cristo que sangram. Sendo submetidos a exames laboratoriais, verificou-se tratar de lágrimas e de sangue humano proveniente de algum indivíduo paranormal que por ventura encontrava-se no local na ocasião do extraordinário acontecimento.

Não somos autoridade em Parapsicologia, mas nos parece claro que no caso da beata Maria de Araújo não houve fraude e sim um fenômeno parapsicológico no nosso entender. Se pudesse ter sido examinado em laboratório de análises bioquímicas, o sangue encontrado nas hóstias e panos, acreditamos que iria verificar-se tratar-se do próprio sangue da beata. Aliás, padre Cícero em sua primeira carta para o bispo d. Joaquim tratando desse assunto e datada de janeiro de 1890

63 Carrel, Alexis. *Le Voyage à Lourdes Paris* , 1949.

refere que sentiu náuseas pelo cheiro ativo de sangue. Depois, ele se sentiu culpado por ter reagido assim, isso porque julgou posteriormente que era sangue do próprio Cristo.

É oportuno observar que como nos relata Irineu Pinheiro (*Efemérides do Cariri, p. 533*), padre Cícero morreu convencido da autenticidade daqueles fenômenos, os quais ele considerava verdadeiramente milagrosos.

Gostaríamos de ressaltar que essa nossa visão daqueles fenômenos eucarísticos ocorridos com a beata é somente científico. Não temos conhecimento suficiente, tampouco, autoridade para interpretá-los sobre o prisma teológico. Assim, evitamos de entrar na questão se houve ou não intervenção divina naqueles mencionados fenômenos. Afinal, os fenômenos comprovadamente ocorreram, apenas, nossa interpretação é eminentemente científica. Foi sob o prisma científico que nos propusemos realizar este estudo.

Concluindo este trabalho, gostaríamos de afirmar a sinceridade que conseguimos comprovar em padre Cícero. Numa carta datada de 15 de maio 1887 (numa das maiores secas ocorridas no Ceará), ele diz: "Creio que posso afirmar que sou sincero em meus sentimentos".

Não enxergamos razão para que se duvide disso. Ele pode ter se iludido, às vezes, como no caso da interpretação dos fenômenos das hóstias, mas sua boa-vontade para com o próximo e até para com sua religião nos parecem evidentes.

Não contamos com nenhuma ajuda material para a realização desse complexo trabalho. Assim, julgamos que talvez possa ter falhas. Esperamos que outros pesquisadores que virão, posteriormente, com melhores condições materiais, usando a mesma metodologia, possam aprimorar este tipo de estudo de Psicanálise Aplicada à Biografia de outras personalidades históricas.

Referências Bibliográficas

1. Histórica

Alcântara, N. *Iguatu, memória sócio-histórico-econômica.* Fortaleza, Imprensa Universitária, 1962.

Alencar, L. *A glória do padre Cícero.* Juazeiro do Norte, Tipografia Juazeiro, 1956.

Alencar Peixoto, J. (PE). *Juazeiro do Cariri.* Fortaleza, 1913.

Almeida, J.A. *As secas do Nordeste.* Rio de Janeiro, Ministério de Viação e Obras Públicas, 1953.

Anselmo, O. *O padre Cícero, mito e realidade.* Rio de Janeiro, Civilização Brasileira, 1968.

Araújo, Pe.A.G. *Apostolado do embuste.* Crato, Itaytera, Tip. Imperial, 1956.

Arruda, J. *Padre Cícero, religião, política e sociedade.* Fortaleza, Inesp, 2002.

Barbosa, W. *Padre Cícero, pessoas, fatos e fotos.* Fortaleza, Henriqueta Galeno, 1980.

Barros, J.G.de. C. *A ordem dos penitentes.* Fortaleza, Imprensa Oficial, 1937.

Barros, L. O. C. *A terra da mãe de Deus.* Rio de Janeiro, Francisco Alves, 1988.

Bartholomeu, F. *Juazeiro e o padre Cícero.* Rio de Janeiro, Imprensa Nacional, 1923.

Benevides, A. *Padre Cícero e Juazeiro.* Brasília, Artes Gráficas Regina, 1969.

Brígido, J. *Ceará, homens e fatos.* Rio de Janeiro, Tipografia Bernard Fréres, 1919.

Buarque de Holanda, S. *Raízes do Brasil.* Rio de Janeiro, José Olímpio, 1936.

Carvalho, J. *Antologia de João Brígido.* Fortaleza, Terra do Sol, 1969.

Campos, E. *Estudos do folclore cearense.* Fortaleza, Imprensa Universitária do Ceará, 1960.

Camurça, M. *Marretas, mulambudos e rabelistas.* São Paulo, Maltese, 1994.

Cascudo, L. de C. *Dicionário do folclore brasileiro.* Rio de Janeiro, INL, 1962, 2v.

Casimiro, R. & Arruda, J. *150 anos de padre Cícero*. Fortaleza, RVC, 1996.

_______. *Juazeiro é um mundo*. Mossoró, Fundação V. Rosedo, 1997.

Cunha, E. *Os sertões*. 25 ed. Rio de Janeiro, Francisco Alves, 1957.

Delgado, D. J. de M. *Padre Cícero – mártir da disciplina*. Fortaleza, Documentário Pastoral, 1970.

Della Cava, R. *Milagre em Juazeiro*. Rio de Janeiro, Paz e Terra, 1977.

Dinis, M. *Mistérios do Juazeiro*. Juazeiro do Norte, Tipografia do Juazeiro, 1935.

Documentos sobre a questão Religiosa do Juazeiro. Fortaleza, *Revista do Instituto do Ceará*, 1961, p. 75.

Facó, R. *Cangaceiros e fanáticos*. Rio de Janeiro, Civilização Brasileira, 1965.

Feitosa, Pe. A. *Falta um defensor para o padre Cícero*. São Paulo, Loyola, 1983.

Feitosa, Pe. N. *Padre Cícero, vítima do autoritarismo*. Santuário Aparecida-SP, 1986.

_______. *Eu defendo o padre Cícero*. São Paulo, Esc. Profissionais Salesianos, 1982.

_______.*O padre Cícero e a opção pelos pobres*. Rio de Janeiro, Paulinas, 1982.

Forti, M. A. *Maria de Araújo, A Beata de Juazeiro*. São Paulo, Paulinas, 1991.

Furtado, C. *Formação econômica do Brasil*. Rio de Janeiro, Fundo de Cultura, 1961.

Gardner, G. *Viagens ao interior do Brasil*. Belo Horizonte, Itatiaia, 1975.

Girão, R. *Pequena história do Ceará*. Imprensa Universitária, 1971.

Guimarães, T.S. & Demoulim, A. O *padre Cícero por ele mesmo*. Petrópolis, Vozes, 1983.

Hoonaert, E. *Verdadeira e falsa religião no Nordeste*. Salvador, Beneditina, 1972.

Hoonaert, E. & D. (orgs.). *Padre Ibiapina e a igreja dos pobres*. São Paulo, Paulinas, 1984.

Koster, H. *Viagens ao Nordeste do Brasil*. Coleção Brasiliana. São Paulo, Nacional, 1942.

Lira, N. *Padre Cícero, poder, fé e guerra no sertão*, S. Paulo, Companhia das Letras, 2009.

Lourenço Filho, M. B. *Juazeiro do padre Cícero*. São Paulo, Melhoramentos, s/d.

Macedo, Pe. M. *Juazeiro em foco*. Fortaleza, Autores Católicos, 1925.

Macedo, N. *O padre e a beata*. Rio de Janeiro, O Cruzeiro, s/d.

_______. *O bacamarte dos Mourões*. Fortaleza, Instituto do Ceará, 1966.

_______. *Floro Bartholomeu: o caudilho dos beatos e cangaceiros*. Rio de Janeiro, Agência Image, 1970.

_______. *Memorial de Vilanova*. Rio de Janeiro, O Cruzeiro, 1964.

_______. *Rosário, rifle e punhal*. Rio de Janeiro, O Cruzeiro, 1968.

Maciel, F. B. *Lampião, seu tempo e seu reinado*. Rio de Janeiro, Vozes, 1985.

Maia, H. M. (PE). *Pretensos milagres em Juazeiro*. Petrópolis, Vozes, 1974.

Maranhão, J. L. *O Padre Cícero, paranoico?*. Fortaleza, Rev. Inst. Hist. do Ceará, v. 80, p. 246-52.

Mariz, C. *Ibiapina, um apóstolo do Nordeste*. João Pessoa, União, 1942.

Marques, D.W.A. *O pensamento vivo de Padre Cícero*. Martins Claret Editores, s/d.

Memorial. *Revista documentária comemorativa dos 50 anos de morte de padre Cícero Romão Batista*. Juazeiro do Norte, Impressão BNB, 1984.

Menezes, E. D. & Arruda, J. *Canudos: as falas e os olhares*. Fortaleza, UFC, 1995.

Menezes, F. *O outro lado da história do Juazeiro*. Recife, 1983.

_______. *Padre Cícero, do milagre à farsa do julgamento*. Recife, Bagaço, 1998.

Menezes, P. E. de. *O Crato do meu tempo*. Fortaleza, UFC, 1985.

Montenegro, A.F. *Fanáticos e cangaceiros*. Fortaleza, Henriqueta Galeno, 1973.

_______.*História do fanatismo religioso no Ceará*. Fortaleza, A. B. Fontenele, 1959.

Montenegro, J. A. de. S. *Ideologia, conflito no Nordeste rural*. Rio de Janeiro, Tempo Brasileiro, 1976.

Morel, E. *Padre Cícero, o santo de Juazeiro.* Rio de Janeiro, Civilização Brasileira, 1966.

Mota, L. *Cantadores.* Fortaleza, Imprensa Universitária do Ceará, 1965.

_______. *No tempo de Lampião.* Rio de Janeiro, INL, 1976.

Nascimento, F. F. *Milagre na terra violenta.* Rio de Janeiro, Record, 1968.

Nóbrega, F. P.(Pe). *Vingança não.* Livraria Freitas Bastos, 1960.

Nogueira, A. *Antônio Conselheiro e Canudos.* São Paulo, Nacional, 1978.

Nunes Leal, V. *Coronelismo, enxada e voto.* Alfa-Omega, 1975.

Pinheiro, I. *Efemérides do Cariri.* Imprensa Universitária do Ceará, 1963.

_______. *O Juazeiro do Padre Cícero e a Revolução de 1914.*

Pinheiro, R.T. "O caudilho – deputado Floro Bartolomeu". In: O Rev. Inst. Histórico do Ceará, 1979, 53-60.

Queiroz, M. I. P. de. *O messianismo no Brasil e no mundo.* Universidade de São Paulo, 1965.

Queiroz, R. de. *A beata Maria do Egito (peça em três atos).* Rio de Janeiro, José Olímpio, 1958.

Quinderé, Mons. J. *Dom Joaquim José Vieira – segundo bispo do Ceará.* Imp. Universitária, 1958.

Rocha, J. D. F. *Vida do brigadeiro Leandro Bezerra Monteiro.* 2. ed. Fortaleza, Secretaria de Cultura do Ceará, 1978.

Silva, A. & Comparato, D. *padre Cícero.* Rio de Janeiro, Record, 1984.

Silva, padre Antenor de Andrade. *Os arquivos do Padre Cícero.* Juazeiro, 1977.

_______. *Cartas do padre Cícero.* Salvador, 1982.

Silva, E. V. *A volta de padre Cícero Romão Batista (cordel).*

Sobreira, Pe. A. *Em defesa de um abolicionista.* Ed. A. Batista Fontenele, 1956.

_______. *O patriarca de Juazeiro.* Petrópolis, Vozes, 1968.

Souza, S. (coord.). *História do Ceará.* Demócrito Rocha, 1989.

Távora, F. *Considerações sobre o estado mental do Padre Cícero.* Fortaleza, Revista do Instituto Histórico do Ceará, n. 77, 1944.

Teixeira, F. N. *Nos tempos do padre Cícero.* Rio de Janeiro, Tempo Brasileiro, 1994.

Theberge, P. *Esboço histórico sobre a província do Ceará*. Fortaleza, Henriqueta Galeno, 1973.

Theóphilo, R. *História da seca do Ceará (1880-1887)*. Rio de Janeiro, Imprensa Inglesa, 1922.

_______. *A sedição do Juazeiro*. Fortaleza, Terra do Sol, 1969.

Vianna, O. *Populações meridionais do Brasil*. São Paulo, Nacional, 1938.

Villaça, A.C. *História da questão religiosa no Brasil*. Rio de Janeiro, Francisco Alves, 1974.

Villaça, M.V. & Albuquerque, R.C. *Coronel, coronéis*. Tempo Brasileiro, 1965.

Xavier de Oliveira, A. *O padre Cícero que eu conheci*. Fortaleza, Henriqueta Galeno, 1974.

Xavier de Oliveira, A. *Beatos e cangaceiros*. Rio de Janeiro, Tipographia Revista dos Tribunais, 1920.

2. PSICANALÍTICA

Abraham, K. *Teoria psicanalítica da libido*. Rio de Janeiro, Imago, 1970.

Adler, A. *El carater neurótico*. México, Latino Americana, 1956.

Blanck, G. & Rubin. *Psicologia do ego, teoria e prática*. Porto Alegre, Artes Médicas, 1983.

Doyle, I. O *sentido do movimento psicanalítico*. Rio de Janeiro, Casa do Estudante do Brasil, 1950.

Dicionário de Termos de Psicanálise de Freud. Trad. Laurena Cunha, Porto Alegre, Globo, 1978.

Erikson, E. H. *Infância e sociedade*. Rio de Janeiro, Zahar, 1971.

_______. *Young Man Luther*. Nova York, Norton, 1958.

_______. *Identidade, juventude e crise*. Rio de Janeiro, Zahar, 1972.

Etchegoyen, H. Psicoanálisis: Hoy e Mañana. São Paulo, Ed. Escuta, *Rev. Libro Anual de Psicoanálisis*, 1995, n. IX, p. 33.

Freud, S. *Obras completas*. Rio de Janeiro, Imago.

Freud S. & Bullit, W. *El Presidente Thomas Woodrow Wilson*. Buenos Aires, Ed. Letra Viva, Buenos Aires, 1973.

Freud, A. *The ego and the mechanisms of defense.* New York, International Universities Press, 1966.

Fenichel, O. *Teoria psicanalítica de Las neuroses.* Buenos Aires, 1966.

Gay, P. *Freud, uma vida para o nosso tempo.* São Paulo, Companhia das Letras, 1989.

Hartmann, H. *Ego psychology and the problem of adaptation.* Nova York, International Universities Press, 1958.

_______. *Essays on ego psychology.* Nova York, International Universities Press, 1964.

História del psiconalisis. 7 volumes. Autores Diversos, Buenos Aires, Paidos, 1968.

Horney, K. *Novos rumos na psicanálise.* Rio de Janeiro, Civilização Brasileira, 1966.

_______. *Neurose e desenvolvimento humano.* Rio de Janeiro, Civilização Brasileira, 1966.

Jones, E. A *vida e a obra de Sigmund Freud.* Rio de Janeiro, Imago, 1989.

Joffe, S. & Colaboradores. *Algunos problemas conceptuales em la consideração de los transtornos del narcisismo.* Buenos Aires, Rev. de Psicanálisis, 1968, tomo XXV, p. 371.

Kernberg, O. *Borderline conditions and pathological narcissism.* Josan Aronson, New York, 1975.

Kohut, H. *The analysis of lhe self.* Nova York, International Universities Press, 1971.

_______. *Como cura a psicanálise?* Porto Alegre, Artes Médicas, 1989.

_______. *The restoration of the self.* Nova York, International Universities Press, 1977.

_______. *Psicologia do self e a cultura humana.* Porto Alegre, Artes Médicas, 1988.

Lampl-De Groot, J. *Ego ideal and superego.* The Psychonalytic Study of the Child, tomo XVII, 1962.

Laplanche & Pontalis. *Dicionário da psicanálise.* São Paulo, Martins Fontes, 2001.

Leão, I. C. *A teoria self-objeto e as transferências narcísicas.* Trabalho apresentado à Associon Psicanalítica Mexicana numa homenagem a H. Kohut, 1992.

Liberman, D. & Colaboradores. *El ideal del yo. Su conceptualización teórica y clínica.* Buenos Aires, Rev. de Psicanálisis, 1968, tomo XXV, p. 277.

Loewenstein, R.M. & Hartmann. *Notes on the superego.* The Psychoanalytic Study of the Child, tomo XVII, 1962.

Roudinesco, E. & Plon, M. *Dicionário de psicanálise.* Rio de Janeiro, Zahar, 1998.

Reich, W. *Análise do caráter.* Lisboa, Publicações Dom Quixote, 1979.

Runyan, W. M. *Life histories and psychobiography, explorations in theory and method.* New York, Oxford University Press, 1982.

Sullivan, H. S. *Concepciones de la psiquiatria moderna.* Buenos Aires, Psique, 1959.

Sandler e colaboradores. *The ego ideal and the ideal self.* The psychoanalytic Study on the Child, tomo XVIII, 1963.

Teixeira, F. N. *Psicanálise e criação literária.* Fortaleza, Rev. Espiral, Prática, 1996, n. 2, p. 89.

Volkan, V. & Collaborators. *Richard Nixon: a psychobiography.* New York, Columbia University Press, 1997.

3. PARAPSICOLÓGICA

Oscar Quevedo, S. J. *Milagres, a ciência confirma a fé.* 2. ed. São Paulo, Loyola, 1996.

Flew, A. *Philosophy of science and the occult.* 1952.

Sudré, R. *Tratado de parapsicologia.* 2.ed.

Gomes de Matos, M. L. *Iniciação à parapsicologia.* Livraria Freitas Bastos.

Impresso em São Paulo, SP, em outubro de 2013,
com miolo em Avena 80 g/m²,
nas oficinas da Arvato Bertelsmann.
Composto em Spectrum MT, corpo 12 pt.

Não encontrando esta obra em livrarias,
solicite-a diretamente à editora.

Escrituras Editora e Distribuidora de Livros Ltda.
Rua Maestro Callia, 123 – Vila Mariana
São Paulo, SP – 04012-100
Tel.: (11) 5904-4499 – Fax: (11) 5904-4495
escrituras@escrituras.com.br
vendas@escrituras.com.br
imprensa@escrituras.com.br
www.escrituras.com.br